アフターコロナ相場で資産を増やしなさい

菅下清廣
Kiyohiro Sugashita

投資家が注目する88銘柄はこれだ

KADOKAWA

はじめに

戦後日本、最大のウィークポイントとは

コロナショックは日本のみならず、世界中にさまざまな問題を引き起こし、多くの人命が失われることになりました。また、ワクチンの開発、接種は進んでいるにもかかわらず、完全終結のシナリオは今もって未完成な状態にあると言ってよいでしょう。

それでも、全世界の人々のたゆまぬ努力が実を結び、ニューノーマルへの移行、各産業の復活、再生への道筋は少しずつではありますが、見えてきている——それが、本書を執筆している3月頃の肌感覚です。

そして、そういった状況にあることを認識したうえで、私は今回のコロナショックは、日本人が新たなアクションを起こすきっかけになったと考えています。

実は日本は、戦後、大きな危機を経験してこなかったがために、危機に対応することはもちろん、方針の大転換を図ることをしてきませんでした。私は、戦後日本の一番のウィークポイントはその点にあると、常々発言してきました。

第一に、日本は75年間、戦争を経験していません。戦争の定義にもよりますが、G8のメンバーであるアメリカ、ロシア、イギリス、フランス、ドイツ、イタリア、カナダはみな、何かしらの戦争に関与しています。一方の日本は、自衛隊の派遣についての議論はあるものの、徴兵制もなく、明日、外敵が日本に攻め入ってくるとは誰も思っていません。

もちろん、戦争、武力紛争がないのはよいことです。しかし、平時が続き、クライシスを経験しなかったことからくる危機感の欠如は、日本人特有のものであり、いざ危機に瀕した際の判断力は心もとないと言わざるを得ません。

たしかに、阪神・淡路大震災、東日本大震災をはじめとする天災はありましたが、有史以来、自然災害と共存してきた日本人は、世界が賞賛するほどに冷静に対応し、助け合って、その困難を乗り越えてきたと言ってよいでしょう。

経済的なダメージという点では、バブル崩壊は見過ごすことのできない危機であることは間違いありませんが、今回のコロナショックとは性格を異にするものです。

コロナショックの一番の特徴は、ウイルスという見えない敵を前に、いつ終わるかわからない不安にさいなまれ、経済的・生命的な危機に直面することにあります。

そして、日本人にとって、久しぶりに経験する未曾有の危機は、これまで表面化してこなかった諸問題を次々と浮上させることになったのです。

その1つとして、戦後長らく、一般常識となっていた昭和的価値観の崩壊が決定的になったことが挙げられます。たとえば、ビジネス分野における常識だった「一括採用」「年功序列」「終身雇用」という日本的な労働慣行は、もはや当たり前のものではなくなり、物理的なオフィスに毎日出勤して働くことすら、常識ではなくなりました。

そうした変化は、時間、空間、さらには働き方における自由をもたらすと同時に、自分でなんとかしないといけないという自己責任の領域を拡張させることになったのです。

バラ色の未来は待っていない

結果、一度入社して定年まで働ければ、ある意味でバラ色の老後が待っているというのは、完全に幻想となりました。また、コロナ禍は、世界的に見ても、手厚い医療や公的補助といった制度が、必ずしも盤石でないことも露呈させたのではないでしょうか。

そして、今回のコロナ禍は一度収束するかもしれませんが、第二、第三のコロナ禍が来ないとも限りません。今度こそ、国も個人ももうもたないとなったときに備え、今何かをしないといけないと、遅きに失しているとはいえ、ようやく日本人の重い腰が上がったのが、このコロナ禍の唯一の利点だと私は考えています。

では今、次なる危機に備え、日本人は何をすべきか。その1つの回答が、「資産形成」です。本書の中では、自動で資産運用に取り組んでくれるようなサービスを開発した会社も紹介していますが、ようやくここにきて、資産運用の必要性だけでなく、アクションを起こしはじめる人も一定数出てきました。

実際、2020年にはネット証券の口座開設申し込み数が増えたという報道もあったように、私の周りでも、これまでは投資をしていなかった若い世代や女性たちが、自己防衛のために投資を開始しています。

もちろん、投資にはリスクがあります。ですから、すでに老後に対する備えが十分にある方は、あえてリスクをとらないでもよいでしょう。しかし、多くの方はそうではありません。銀行に預けるだけでなく、資産運用をすることで、何かあっても1年、2年、3年と生き延びられるだけの資産を持っておくことは喫緊の課題となったのです。

／読者対象はすべての日本人／

ただ、「やってみたはいいけれど、株のことはわからないから、言われるがままに投資信託をやっておこう」という人も少なくありません。投資信託を始めるだけでも大きな一歩ですが、私は個別株への投資を専門にやっていますから、そうした方々に、株式投資のことをお伝えしたいと思い、筆をとったわけです。

株式投資の経験の浅い方も対象に、銘柄の選び方、チャートの読み方をお伝えできれば、本書の目的の大部分は果たされるわけですが、読者対象は初級者の方に限りません。今まで既に資産形成をしてきた人たちに対して、これまでの資産形成・投資のやり方でいいのかという点を問い直すきっかけとしていただければとも思っています。

以前なら、預貯金一本でアクションを起こさない人に比べ、投資をしているというだけで一歩も二歩もリードしていましたが、今は違います。資産株と思っていた大企業の株が上がらないばかりか、値下がりするような時代になってしまったからです。ですから、すでに投資経験のある方もまた「これからの投資テーマは何か」「自分のポートフォリオは現状のままでよいのか」について、一度立ち止まって考えていただければと思います。

さらに、富裕層の方も本書の対象に含まれます。なぜなら、富裕層であればあるほど、投資している額が多ければ多いほど、市場が大暴落したときのインパクトは大きいからです。自分の代は大丈夫であっても、2代目、3代目と資産をバトンタッチする際に目減りしていくことはよくある話で、どう自己防衛するかといった問いへのヒントも満載しているのが本書になります。

未来予測が困難な時代と言われて久しい今、株式投資は必要なサバイバル手段であると同時に、リスクも当然あります。私はコロナバブルをいち早く感じ取り書籍も出しましたが、それでも各銘柄の長期予測は簡単ではありません。

本書では、投資家がどんなジャンルや業界に目をつけ、どんな企業のどんなポイントを見て投資判断をしているのか、量を見て学んでいただくのが早道であろうと考え、88という大量の銘柄を掲載しています。ぜひ、各企業をみなさん自身の目で観察して視点を磨き、投資レッスンに役立てていただければと思います。

みなさんの資産形成の未来を明るくするお役に立てることを願って。

2021年　春

スガシタパートナーズ代表　菅下 清廣

本書に掲載の数字や情報は執筆当時（2021年2〜3月）のものです。投資にあたっての判断はご自身でお願いいたします。本書の情報を利用されたことによるいかなる損害も、出版社および著者が責任を負うものではありません。

企画協力　金成泰宏（マスターマインド）
編集協力　池口祥司
ブックデザイン　西垂水敦・市川さつき（krran）
DTP・本文図版　エヴリ・シンク
校正　あかえんぴつ

CONTENTS

LESSON 2

中級編

INTERMEDIATE

見逃せない注目銘柄30

LESSON 3

上級編

ADVANCED

勝負するなら知っておきたいチャレンジ銘柄28

プロローグ

激動の時代、いかに資産をつくり増やすか

動乱の時代はいつまで続くか

まずは、世界全体の流れ、あるいは2021年以降の日本がどうなるかということを考えることからスタートしなければなりません。そうした大きな流れをつかまない限りは、個人の資産形成というミクロの領域における潮流をつかむことはできないからです。

では、今現在はどのような時代にあるのかといえば、コロナショックという世界的危機に直面し、激しい変化の中にあると考えるのが道理です。動乱の時代という前提に立って、今この時点ではどういう銘柄が有望かということを考えていくのです。

これは世界中で明らかで、アメリカではあれほど大企業だったGMやクライスラーが没落してテスラが隆盛を極め、歴史ある高級デパートが苦境にあえいでいる傍らで30年前は存在していなかったアマゾンが巨大になっていることは、ご存じのとおりです。

動乱の時代はどのくらい続くか。それは誰にもわかりませんが、少なくとも、10年は続

くというのが、私の考えです。

本書におけるバリューとグロースの区分

ここで、グロース銘柄とバリュー銘柄の違いについて説明しておきたいと思います。

簡単にいえば、バリューというのは、従来1000円くらいの価値があったものが、800円などに下がっている状態のことを指しています。本来価値があるものが一時的に下がっているわけですから、バリューになっているタイミングで購入すれば、いずれは実態の値段に戻る。割安株、という表現がわかりやすいかもしれません。

一方のグロースは、現在1000円だけれど、これからさらなる成長が期待ができると考えられるものになります。つまり、1000円が1200円に、1200円が1500円になるという具合です。

以上が一般的なバリューとグロースの考え方になりますが、本書における分類は、これと少し違います。私はバリュー株ではなく、成長（グロース）株投資を中心に行なっているからです。

理由は簡単です。今、日本企業の株でバリュー状態にあるのは、大手金融機関であったり、誰もが知っているような大会社であり、そういった株は全然上がっていないばかりか、むしろ下がっているからです。

一昔前であれば、「いい大学に行って、いい企業に入りなさい」と親が子供にすすめていたような企業、いわゆるオールドエコノミーは、現在の株式相場ではまったく活躍できていません。

故《ゆえ》に今、バリュー株を中心に扱っている人の投資成績は一般的にいえば、芳しくありません。今は、グロース投資の時代だからです。

だからこそ、私は誰もが知っている会社で、バリュー状態にある企業の株ではなく、あまり知られていないグロース株を扱うようにしているのです。よって、私がバリュー、グロースと言っているものは、大きなくくりでいえば、すべて「グロース」になります。

とはいえ、グロースの中にも、バリュー状態、すなわち「安値圏」にある可能性が高い株がかなりの数あります。それをバリューと名付けているわけです。

ですから、本書におけるグロース／バリューの区分は、グロースの中の「グロース」、グロースの中の「バリュー」というのが正確な表現と言えるでしょう。

繰り返しになりますが、時流に乗りたいならグロース投資で、次の時代を待つならバリュー投資です。でも、バリュー株は買ってもすぐに上がらないため、お金が働きません。投資家は、お金を寝かせることを好みません。お金を働かせるプロですから、バリューは買わないということです。

株価上昇の3条件

個別銘柄は本文に譲るとして、ここでは、株価がどのようなときに上がるかについて、マクロな視点で考えてみましょう。今は新聞を読む人も少なくなっているようですが、ニュースをじっくり見ておくことは重要で、首相の記者会見などは情報の宝庫と考えるようにしてください。

株価はどのようなときに上がるのか。1つ目は、金融緩和です。アメリカでも日本でも、金融緩和が大きければ大きいほど株価は上がる傾向にあります。今現在、アメリカの株価が上がっているのはそのためです。

2つ目は、減税です。アメリカは減税していることも影響して株価が上がっていますが、日本は増税しているのに株価が上がっています。ということは、もし消費税減税を実施したら、あっという間に株価は上昇するだろうというのが、私の読みです。

3つ目は、財政出動です。景気対策のために、道路を造ったり、橋を架け替えたりといった公共投資がその代表例になります。

この3つが株価上昇要因の3点セットになりますが、日本の現状はどうかといえば、1は△、2は×、3が△という感じでしょうか。たしかに、日銀は金融緩和をやっていますが、アメリカに比べれば、大したことはありません。また、財政出動についても、2兆ドル、3兆ドルと言っているアメリカと比べれば、日本の財政出動、景気対策などは見劣りすると言わざるを得ないでしょう。

2021年に大統領に就任したバイデン氏は、巨額の財政出動を公約に入れていました。公約が実行されるなら、アメリカの株はさらに上がり、景気もよくなるのではないでしょうか。

そして、アメリカの景気がよくなれば、日本も連動する可能性が高く、日本の株も上がるというのは、歴史が証明しているところです。

そうすると、何が起こるかといえば、資産インフレです。理由は簡単で、経済の実態が悪いにもかかわらず、株が上がっている状態となってしまうからです。業績が悪い中、企業は設備投資を縮小するでしょう。行き場を失ったお金がどこへいくかといえば、株式か、不動産か、商品のいずれかです。だから今、ゴールドも上がっています。また、ヨーロッパの不動産、アメリカのマンハッタン、ニューヨークの一等地のマンションなども相当値上がりしていると言われています。

一方の日本の不動産の株は下がっています。下がっているものはいずれ上がりますから、バリュー投資を専門にされている方であれば、いまのうちに不動産関連の株は買っておくとよいかもしれません。バリューというのは、今、一時的に弱いもの、安いもの、誰も買わないものを買うことを意味します。

しかし、私は買いません。上昇するまでに時間がかかるからです。私が買うのはグロース株で、お金が寝るものではなく、すぐに働くものに投資をします。

私は、先述したように、現代はグロース株の時代だと考えています。テスラ、アマゾンの株を買った人がお金持ちになっているからです。グロースの時代が終わるのはいつかわかりませんが、金利が上がり出すと、グロースの時代が加速するでしょう。なぜなら資産インフレの進行を意味するからです。簡単なストーリーでいえば、資産インフレがアメリカで起きることで、日本の金利も上がる。そしてやがて日本の金利が1%、米国の金利が2%以上になるでしょう。

インフレの進行、資産インフレ相場の到来で、グロース成長株は次第に過熱化することが予想されます。そして最後は投機相場、大バブルとなり、いつかはピーク（天井）を迎えることになります。そういう意味では、ロシアンルーレットのようなものとも言えます。誰かが悪いカードを引いて終わりになります。

しかし、その最後を迎えるのはもう少し先であり、グロースの時代はまだまだ続くというのが、私の見通しです。

株価には3つの波がある

プロローグの最後に、チャートに表れる波動についてもお伝えしておきましょう。

まず、第1波として来るのが、「理想買い」になります。今、世の中は暗いけれど、これからよくなるだろうという理想や夢によって株価が上がるパターンです。

たとえば、Eコマース関連の株でいえば、多くの人が認知する前に、一部の人たちが「Eコマースの時代が来るのではないか」と考える「黎明期《れいめい》」に一度上がるイメージです。

そして、世の中の人々が認知し、「これからはEコマースが伸びるよね」と感じたとき、株は一度下がります。

次に来る第2波は、「業績相場」と呼ばれるものです。これは「理想」ではなく「業績」を裏付けにしたものであり、買いが集中することで、株価は上がります。しかし、これも、めいっぱい買われると、下落に転じます。

そして、最後に来る第3波が「投機相場」です。いわゆるバブルと呼ばれるもので、行き場を失った余剰マネーが一気に流れ、バブルが弾けて終わります。

市場全体の大きな流れもそうですし、個別銘柄についても、だいたいこの3波で構成されているケースが多いというのが、私の経験則であり、今、第1波として始まっているのが、スガノミクス相場になります。業績はまだ伴っていませんが、「今は厳しいけれど、よくなるだろう」という理想から買いが集まっている状態と言えるでしょう。

では、いつ頃から、実績相場になるか。1つの目安になるのは、デジタル庁が新設される2021年の秋から年末あたりでしょうか。その頃から2022年にかけて、デジタル関連株の企業も、業績の裏付けが一層強固となり、本格的な第2波が到来するかもしれません。

そういった側面から、本書では、これから追い風となるであろうテーマを中心に選びました。**先述した「デジタル」、またパンデミックの影響で活況を呈している「バイオ」、巣ごもり需要を受け、業績が伸びている新興の内需消費関連を中心に、できるだけみなさんがご存じないような企業を紹介しています。**

この88銘柄の中に未来を読み解くヒントがある、もしかするとお宝銘柄が入っているかもしれないと考えて、読み進めていただければと思います。

初級編

BEGINNER

LESSON

1

初心者でもおさえておきたい銘柄30

ローリスクローリターン狙いの株を中心に紹介します。今は業績が悪かったり、株価が下がっているものもありますが、その中から未来のお宝株が出てくるかもしれません。あなたの得意分野があれば、企業分析して、見どころのある企業を探してみるといいでしょう。

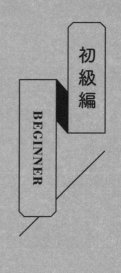

バリュー

内需・消費

AMBITION

マザーズ

3300

株価

782円

※株価は2021年3月現在

● コロナ禍で大きく変動する不動産株をどう見るか

コロナ禍によって大きな影響を受けた業界の１つである「不動産」関連株。AMBITIONも例外ではなく、２０２０年１月９日に１３０９円だった株価は、３月23日には４０２円まで下落。その後、10月８日には１０１０円まで回復しています。４０２円と比較すると、２・５倍程度上昇したわけです。

この株価から何が学べるでしょうか。株価が回復基調にあるときに買って、１０１０円付近になったら喜んで売るのが一般的ですが、プロは売りません。さらに上昇するか、下落するかを見極めるためです。直前の安値を下回るようであれば、すぐに損切りしますが、１０１０円を上回るようなことがあれば、「成長の波動」だと判断して、株を持ち続けます。

実際にはケースバイケースで判断するため、一概には言えませんが、**直近の安値を下回るのか、直近の高値を上回るのかといった観点でチャートを見ることは、相場観を磨くのに役立ちます。**

おすすめしないのは、買った株が下がったら、再度買い足してしまうことです。１０００円で１００株購入した株が、８００円になったとして、再度１００株買えば、１株あたりのコストは９００円になるため、一見お得なように感じられます。これは「ナンピン買い」と呼ばれる手法ですが、プロは絶対にやりません。「下手なナンピン、損の上塗り」という格言もあるほどで、１０００円が８００円に、８００円が６００円にというように、下がり続けるのが「投資の波動」だからです。

バリュー
内需・消費

フォーシーズ
ホールディングス

東証二部
3726

株価
478円
※株価は2021年3月現在

化粧品株は株主優待の魅力も

「個人向け化粧品販売」のフェブリナ、「化粧品卸事業」のCure、「衛生コンサルティング事業」のＨＡＣＣＰジャパンを傘下に置く持株会社。

一時期、中国からの観光客をはじめとするインバウンド需要も味方し、国内化粧品メーカー各社は好調を維持していましたが、コロナ禍の影響を受け、一転、厳しい状況に置かれています。

外出自粛で化粧をする頻度が減るだけでなく、マスク着用により、不要になった口紅等の売上が激減しているためです。ただ、ＥＣサイトの需要が増えたり、基礎化粧品は堅調に推移する傾向もあるため、コロナ後に再び上昇する可能性は十分にあるでしょう。

そういった意味で、現在の株価は底値圏にあると言えそうです。２０２０年3月17日

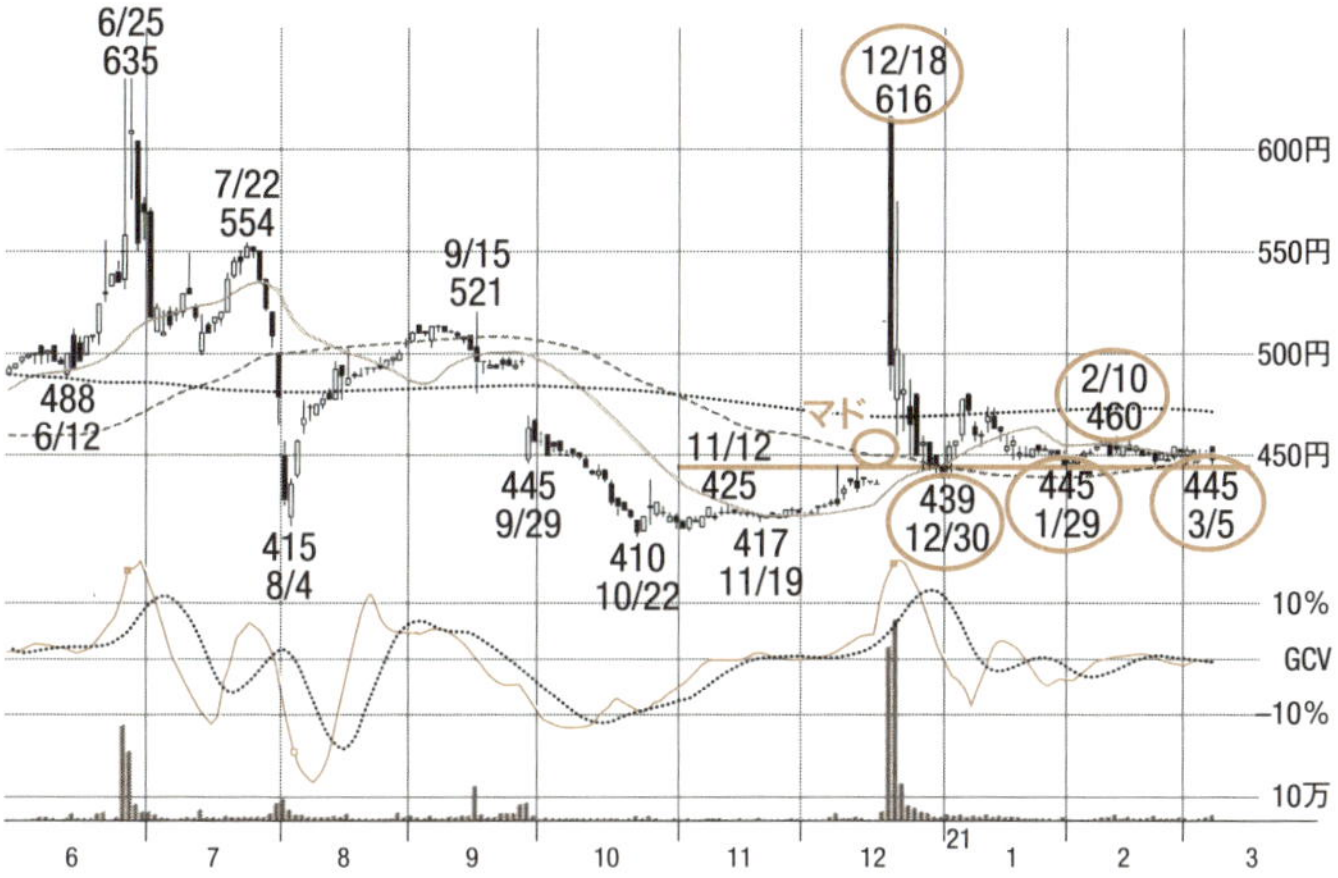

に378円となって以降、一時は600円を超えましたが、2021年3月5日現在400円台となっています。

初心者の方で興味があるなら、安値圏で買っておくことをおすすめします。**コロナで売られた株は上がる可能性が高いからです。**また、化粧品関連の株は、女性に人気があるという特徴を持っています。株主優待に魅力があれば、たとえ株価が上がらなくても、長期保有する人が少なくないからです。

フォーシーズホールディングスのホームページの情報によると、持ち株数に応じて、4000～2万8000円相当の自社製品を贈呈するとありますので、気になる方はチェックしてみてください。

バリュー
デジタル

エルテス

マザーズ
3967
株価
1,247円
※株価は2021年3月現在

デジタル社会のリスクを軽減する会社

ホームページのトップに「デジタルリスクと戦い続ける」とあるように、ＳＮＳなどのデジタルリスクの予兆を察知したり、沈静化をサポートするだけでなく、情報漏洩、ハラスメントなど企業内部に潜むリスクにも対応するサービスを展開する企業。

１０００社以上の活用実績があり、セブン銀行、日本航空、全日空、マツダ、グリコ、サントリー、ＳＢＩ証券、ダイキンなど、大手企業が名を連ねています。

デジタル関連株のなかでもおもしろそうな銘柄の１つですが、業績が芳しくないことも影響し、株価は底値圏。２０２０年2月13日に２５１７円だった株価は、3月23日には１０８７円となり、２０２０年12月にも１０２４円をつけるなど、昨年2月に比べ半値以下となっています。

IR情報を見る限り、コロナ禍もあり、売上は減少していますが、将来の成長のために、コロナによって顕在化した新しい事業機会に対しての先行投資、人材採用へ積極的に投資する姿勢が読み取れます。

その戦略が奏功するなら、まもなく株価も底をつき、上昇に転じる可能性は十分にあるのではないでしょうか。

デジタル株を知ることは、お宝株になる可能性を秘めているというメリットだけでなく、どういった会社が、どのようなサービスを展開しているのかを学ぶ機会になるため、気になる銘柄を見つけた際は、研究してみることをおすすめします。

バリュー
デジタル

UUUM

マザーズ
3990
株価
1,833円
※株価は2021年3月現在

人気YouTuberを抱えるUUUM、次の一手は?

国内チャンネル総登録者数ナンバーワンの人気YouTuberのHIKAKIN氏が顧問を務め、はじめしゃちょー氏、SEIKIN氏、瀬戸弘司氏などを筆頭に、さまざまなクリエイターが所属する会社です。しかし、株価は右肩下がり。2019年11月28日に5670円だった株価は、2020年末には1400円台まで下がり、2021年3月現在も底値が続いている状態です。

また、所属アーティストとのトラブルなどが報道されることもあり、受難の時が続いているようにも見受けられます。クリエイターを育てるUUUMアカデミー、外国人観光客集客プロモーション、地域活性化など、さまざまなサービスを展開しながら、新しい事業モデルを模索している最中といったところでしょうか。

SNSをはじめとするデジタル業界は、次から次へと新しい事業モデル、サービスが出てくるという特徴を持っています。TikTokが話題になったと思えば、すぐにClubhouseというサービスが出てきたりと、ユーザーを引き留め続けるのは簡単ではありません。

さらに、事務所から独立する芸能人の話題が連日ニュースになっているように、YouTuberやアーティストたちも、事務所に所属せずに、個人でやったほうが儲かると考える人が増えている可能性もあります。

経営理念「セカイにコドモゴコロを」、経営戦略「もっとアソビナカマを」を実現するための次の一手が見つかるのか否か。株価を見ながら見定めてはいかがでしょうか。

バリュー

デジタル

すらネット

マザーズ

3998

株価

3,645円

※株価は2021年3月現在

巣ごもり需要に乗ったオンライン学習サービス

コロナ禍を受けて、株価が下落する企業が多い中、デジタル関連株であるすらネットは、2020年の年始以来、上昇傾向にありました。2020年7月2日の3020円からスタートした株価は、2020年10月14日には9350円の高値をつけたのです。しかし、その後は下がります。

オンライン学習サービスやコンサルティングを手がけているため、コロナ禍による巣ごもり需要などもあったのでしょう。売上高、営業利益、経常利益すべてにおいて、昨年を大きく上回っています。

では、この企業に投資するかどうかについて、私はどのように判断しているのか。実際には、企業の事業内容含め、詳細に調べることはほとんどありません。本気で調べようと

思ったら、1年くらいかかってしまうからです。

そのため、私が投資する際に確認するのは、『会社四季報』に出ているレベルの情報程度です。

一番のポイントは、投資テーマに合っているかどうかです。すらネットであれば、「デジタル」という「今」の投資テーマに合っているため、チャートの動きを確認しながら、投資するか検討するといった具合です。

ニューノーマル時代においては、オンライン学習などは今よりもスタンダードになる可能性が高いため、上昇する可能性は十分にあります。どーんと上がった後に、どーんと下がった銘柄に投資するか否か。非常におもしろい局面にある株ではないでしょうか。

グロース
デジタル

ラクスル

東証一部
4384
株価
4,995円
※株価は2021年3月現在

成長が止まらないデジタル関連ど真ん中銘柄

「デジタル化が進んでいない伝統的な産業にインターネットを持ち込み、産業構造を変え、世の中に大きなインパクトを与えていきたい」とホームページに記載されているとおり、デジタル関連ど真ん中の銘柄ではないでしょうか。

２００９年に設立されたラクスルは、当初は印刷通販の価格比較サービスからスタートしています。その後、２０１３年に、印刷のシェアリングプラットフォーム「ラクスル」、２０１５年に物流のシェアリングプラットフォームの「ハコベル」、２０２０年に広告のプラットフォーム「ノバセル」というように、次々とサービスを開始。事業モデルが評価されたからか、何度も第三者割当増資を行ない、成長を続けています。

１つ懸念点があるとすれば、業績が伴っていない点でしょう。代表取締役社長ＣＥＯ

の松本恭攝氏自身がホームページにて、「フルスイングを続けてきた」と述べ、「プラットフォーム価値を最大化する成長投資」「価値を生み出す〝人〟への投資」を重視していると明言しているように、おそらくは投資が先行している状態にあるのだと思われます。

それでも、株価が下がらずに上昇しているということは、投資家たちが事業モデルを評価しているからにほかなりません。

２０２０年３月17日に１５９３円だった株価は、11月９日には５５５０円、年が明けた２０２１年３月現在は反落。押し目が入っています。

バリュー
デジタル

ブロードバンドセキュリティ

ジャスダック
4398
株価
2,213円
※株価は2021年3月現在

セキュリティ関連株の今後の動向に注目

2020年3月13日には697円だった株価が、6月23日には3650円となり、数カ月で5倍以上に跳ね上がっています。その後、再度上昇、10月21日に3485円をつけてからは年末に向けて下落し、年が明けた2021年執筆現在は2000円台となっています。

主な事業内容は、「セキュリティ監査・コンサルティングサービス」「脆弱性診断サービス」「情報漏洩IT対策サービス」。**デジタル関連、なかでもセキュリティ関連の株は、今後も上昇が期待できるテーマだと私は考えています。**2000年、NEC、現在のパナソニック等の出資で設立され、その後、合併、社名変更等を経て、2018年、ジャスダックに上場しています。

ユーザー事例として、セガサミーホールディングス、名古屋テレビ放送、ドワンゴ、南都銀行、労働金庫連合会などが紹介されていますが、おそらく業界を問わず、広く需要のあるサービスを展開しているのではないでしょうか。

一番の値上がり要因は、コロナ禍を受け、多くの企業がテレワークを導入するなかで、さまざまなツールを使うことで生まれるリスクに着目し、「クラウドセキュリティ設定診断サービス」の提供を開始したことにあるようです。業績についても、売上高、営業利益、経常利益等、順調に推移しています。

そういった意味では、今後ますます需要が高まる可能性もあるため、現在は安値圏にあるバリュー株と言えそうです。

バリュー
デジタル

バンク・オブ・イノベーション

マザーズ
4393
株価
3,080円
※株価は2021年3月現在

自分の得意ジャンルならゲーム株で勝負もアリ

社名に「バンク」とついていますが、金融関係ではなく、スマートフォンゲームの会社。**ゲームは開発への投資が必要かつ当たり外れのあるジャンルのため、難しい業界ではあります。**

本銘柄は2020年3月17日に1092円をつけ、7月頃まではなだらかに上昇を続けた後に急上昇。8月26日には6420円と、3月17日と比較して6倍近く上昇しています。その後は、一度大きく下落し、2021年執筆現在もそのまま推移しています。「中国でのゲームの配信を開始する」という報道が流れたあと、延期になった事実も株価の上昇、下落に影響を与えているようです。

私はゲーム関連には不案内ですが、ゲーム好きな人の中にはゲーム関連の株ばかり売買

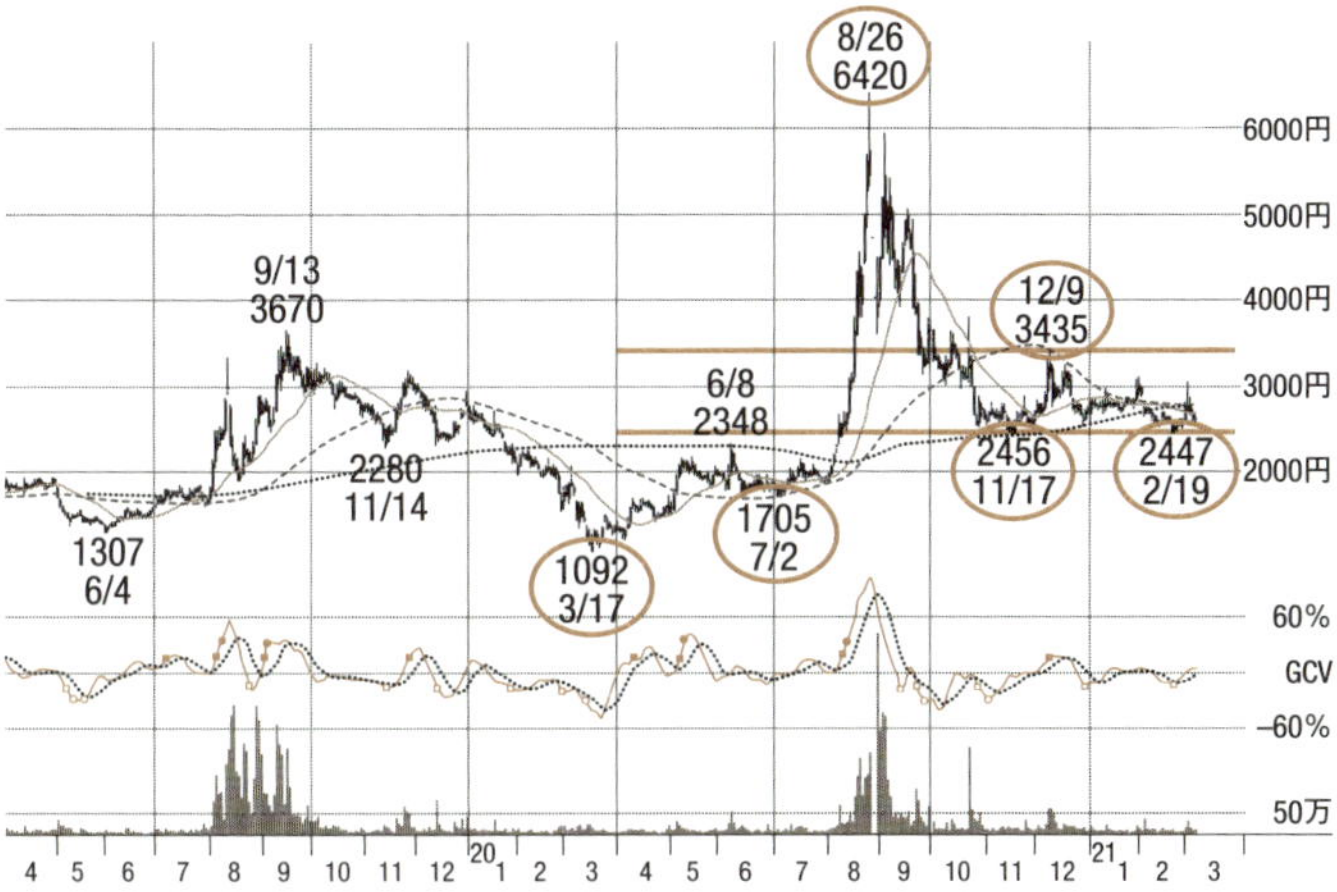

している方もいます。ゲームが好きだからこそ、「このゲームは当たるのではないか」という予想が可能なのでしょう。ゲームの人気をランキング形式で発表しているサイトもあるため、ダウンロード数、利用者数の増減を確認しながら、将来性を見定めているのだと思います。

私がここでみなさんにお伝えしたいのは、「あなたが居眠りしている間に、6倍になっている銘柄があります」ということです。それも、1つや2つではありません。6倍どころではなく、10倍になっている銘柄もゴロゴロしています。

私の勉強会の会員の中にも、昨年購入した株が半年程度で10倍に上昇したため、本業の事業を拡大するとともに、自宅の増改築までした方がいるほどです。

バリュー
デジタル

Kudan

マザーズ
4425
株価
4,485円
※株価は2021年3月現在

グローバル市場からも期待される先端技術

2018年12月に上場した際、公開価格の4倍近い1万4000円を記録。直近の株価を見ると、2020年3月23日に2254円をつけて以降、上がり下がりを繰り返し、2021年3月4日時点は3965円。時価総額は一時1000億円を優に超えていましたが、現在は200億円程度となっています。

企業ビジョンは「Eyes to the all machines」。機械の目とも言える「人工知覚技術」の開発と、サービス及びソフトウェアライセンスの提供が主な事業。ホームページに「カメラ、LiDAR、GNSS、IMUセンサを密結合した独自かつ唯一のシステムを開発」とあるように、同社の技術は、自動運転、ロボット、ドローン、地図作成、AR、VR（バーチャル・リアリティ）などの領域に加え、スマートシティといった街全体の計画にも応用できる

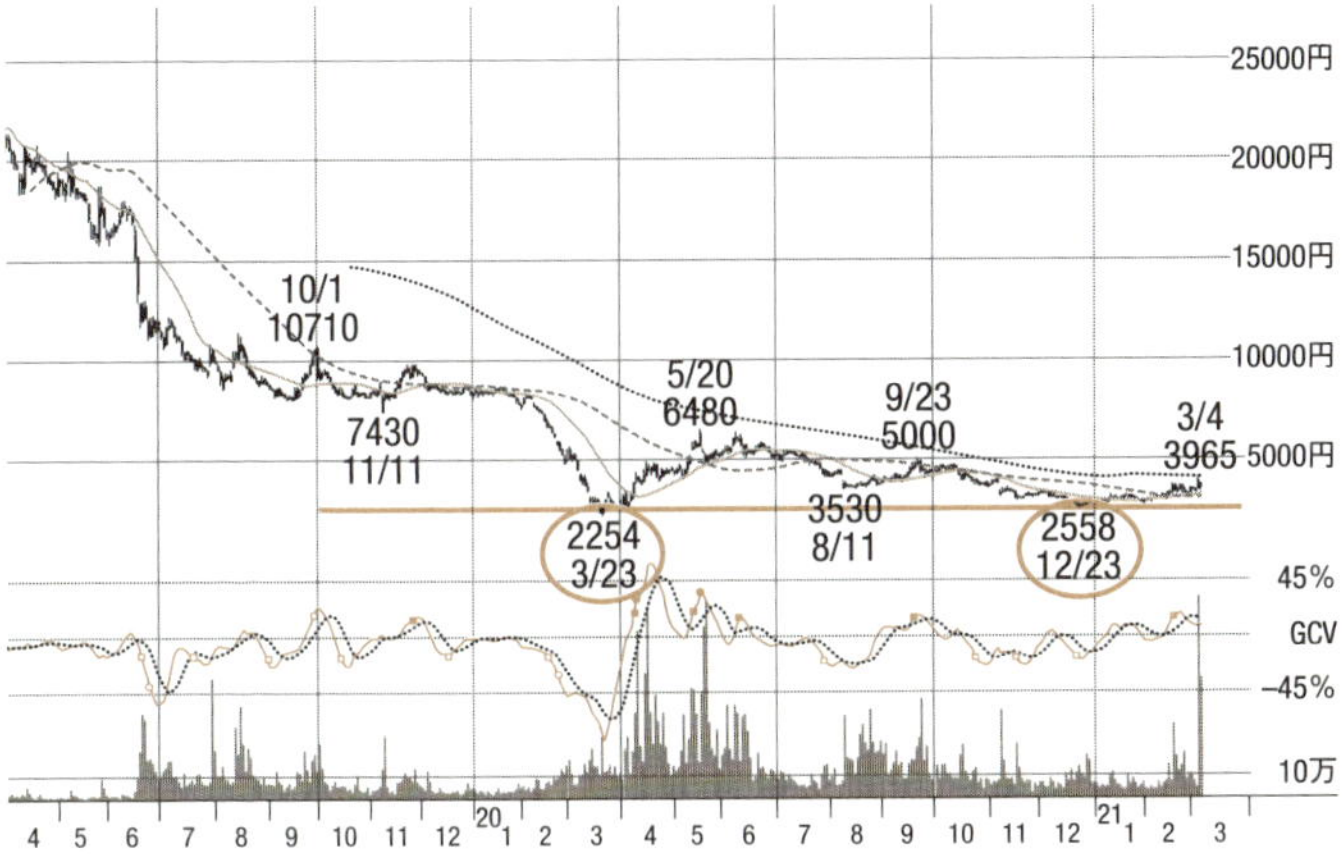

ようです。

創業者・CEOは日本人の大野智弘氏ですが、創業の地はイギリスのブリストル。Kudanの技術は、自動車メーカーのアウディ、サイクロン式掃除機で有名なダイソンなどにも採用されるなど、グローバル市場からの期待も高く、注目のデジタル株の1つと言えます。

上場後に急上昇した株価は、その反動で下がるのが一般的です。実態よりも過大評価された株は必ず修正されるわけですが、**今の安値が実態を反映したものなのか、それともこれから成長していくのかを見極める必要があります。**私はといえば、割と早い段階で一度投資し、高値圏で売りました。

バリュー
デジタル

インフォネット

マザーズ
4444
株価
1,360円
※株価は2021年3月現在

優良な顧客を持っているかどうかも投資判断指標の1つ

「企画・プロデュースからデザイン・コーディング、システム開発、運用サポートまで、専門スタッフによるワンストップサービスで最高のパフォーマンスを発揮します」とホームページで謳《うた》っているインフォネットは、2019年6月にマザーズに上場。3430円という高値からスタートし、年末には1640円に。2020年3月23日に519円まで下落した後、6月23日に2023円まで盛り返すも、2021年3月5日現在1100円となっています。

AIチャットボット、大容量ファイル送信システム、成果報酬型SEO、宿泊予約管理システムといったIT系サービスの内容もさることながら、**注目すべきは、大手企業や公の機関を中心とした優良な顧客を保有している点ではないでしょうか？** パソナグルー

プ、東京臨海高速鉄道、セガ、東急ストア、産業技術総合研究所、世田谷目黒農業協同組合、日本卓球協会、台東区、日本赤十字社医療センター、成蹊小学校など、導入実績は450サイト以上。

コロナ禍を受けてリリースされたオンラインミーティングマッチングサイト「ビズトーク・マッチ」には、オンライン上でビジネスパートナーを探せるという利点もあり、サイボウズ、チャットワークといった有名企業を筆頭に、登録企業数も順調に増加しているようです。

上場時に高値をつけた後に下落し、今は安値圏にあるデジタル関連のバリュー銘柄と言えそうです。

グロース
デジタル

AI CROSS

マザーズ
4476
株価
1,802円
※株価は2021年3月現在

時価総額を見守りながら買いのチャンスを見極める

2019年10月に上場したAI CROSS。上場時は、公開価格1090円のところ、1800円の初値となり、幸先のよいスタートを切りましたが、業績は絶好調とは言い難い状況にあることも影響し、株価は伸び悩んでいます。企業内容を詳細に分析しなくとも、社名に「AI」とついているだけで投資家はチェックしてみようと思うでしょう。

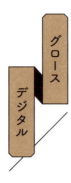

ビジネスチャットのログだけでなく、その内容をデータとして解析し、どうビジネスに活かすかに挑戦している会社です。直近では、保険業界向けサービスの共同開発、競争力を高めるための業務提携など、新たなサービス展開を加速させています。

2021年3月執筆現在時価総額70億円程度と、まだまだ小さいため、200億円、300億円と成長していけるなら、株価も3倍、4倍となっていく可能性は十分にあり

ます。そのため、どこかで買いのチャンスが巡ってくる銘柄だと、私も注目しています。

株価は、2020年3月13日に922円をつけて以降は上昇傾向にあります。

代表取締役を務めるのは、慶應義塾大学経済学部出身の原田典子氏。海外勤務、育児を経験する中で、IT活用の重要性を痛感し、AOSテクノロジーズから分社化する形で、トップに就任。ボードメンバーには、工学部や理学部の出身者、NTTドコモ、リクルートで経験を積んだメンバーが在籍しています。**企業分析においては、どんな人たちが運営しているのかもポイントになります。**

バリュー
デジタル

サイバーセキュリティクラウド

マザーズ
4493
株価
3,345円
※株価は2021年3月現在

下がった株価を底値と見るか、まだ下がるか

世界トップクラスのウェブセキュリティノウハウを持っていると言われる話題の企業。フジテレビ、NHK、テレビ東京、日本経済新聞、マイナビニュースといったメディアでも取り上げられているようです。前項のAI CROSSと同様に、**社名に「サイバー」「セキュリティ」「クラウド」というデジタルに関連するワードがてんこ盛りとなっているだけでも、注目に値する企業と言えるでしょう。**

ホームページの代表挨拶では、「世界中の人々が安心安全に使えるサイバー空間を創造する」という意気込みが語られています。俳優の小泉孝太郎氏を起用したウェブCMをご覧になった方もいるかもしれませんが、ESP総研調べで、導入社数、導入サイト数国内ナンバー1となった「攻撃遮断くん」というサービスを筆頭に、セキュリティ関連の

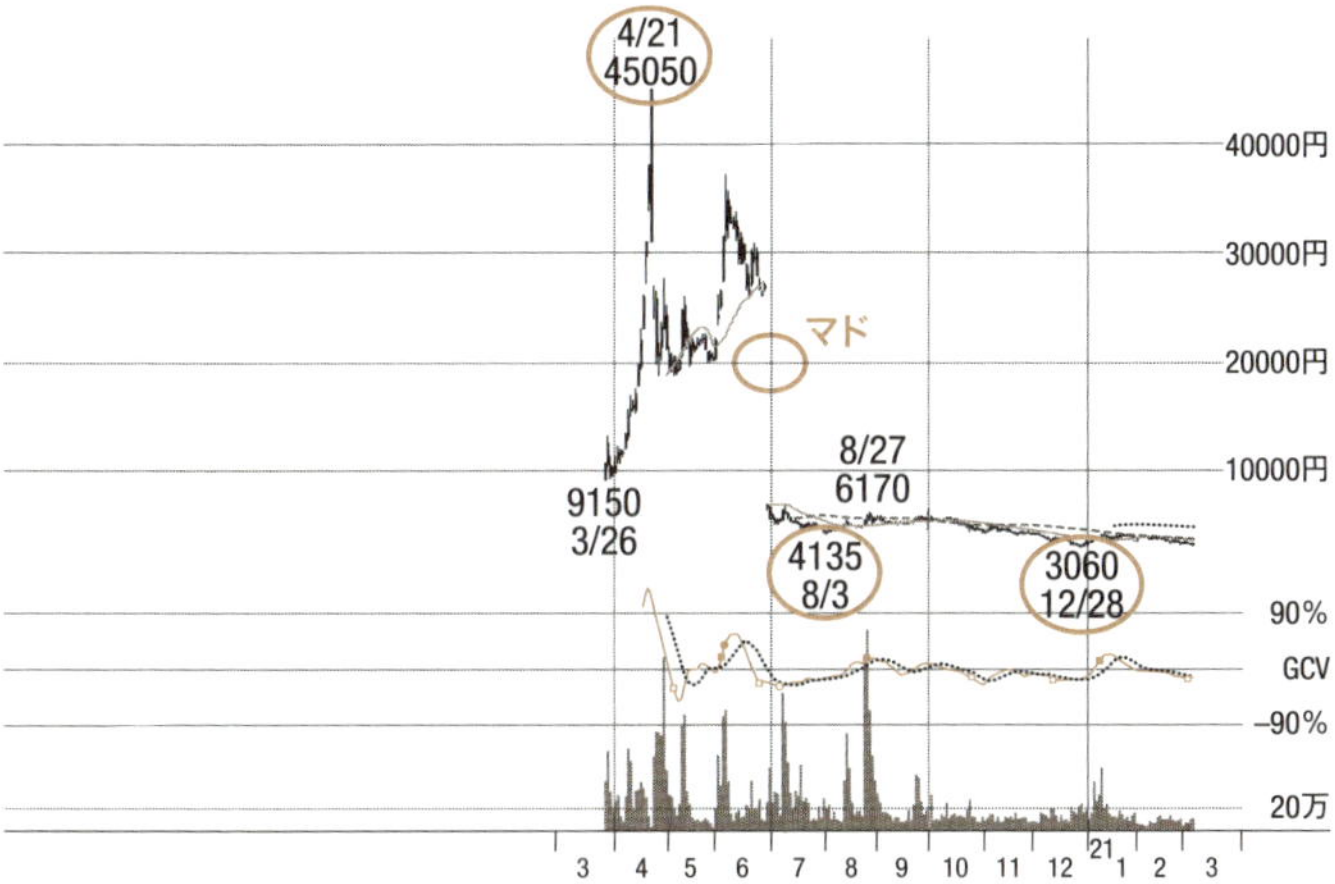

サービスを展開。２０１７年にローンチされた「WafCharm」も、順調にシェアを伸ばしているようです。

２０２０年３月に上場した後、すぐに急上昇し、４月21日には４万５０５０円をつけて、その後、どーんと下がります。

２０２０年６月に株式を分割した影響もあるとはいえ、株価は実態価値と乖離《かいり》して上がりすぎると、必ず下がります。今現在の株価を底値と見るか、まだ下がると見るかは難しいところですが、１年後に振り返ると、バーゲンだったとなる可能性も十分にありますから、しっかりと見極めたいところです。

バリュー
バイオ

プレシジョン・システム・サイエンス

マザーズ
7707
株価
931円
※株価は2021年3月現在

●見極めの難しいバイオ関連は当たれば大きい

ホームページには、「新型コロナウイルス感染防疫のための検査システム」というキャッチコピーとともに、機械の写真が掲載されています。専門家でなければ、用途や性能を理解するのに時間がかかりそうですが、DNAの自動抽出装置といった医療従事者向けの製品・サービスを手がけている会社と言えるでしょう。

IR情報によると、事業目的は、「使い勝手の良い（ユーザーフレンドリーな）バイオ診断システムの提供を通じて、その診断情報を有効活用することにより、世の中の多くの人々に快適な生活を送って頂くこと」。「エリート　インジーニアス」という製品が「2020年日経優秀製品・サービス賞」、「ジーンリード　エイト」が「2020年日刊工業新聞・第63回十大新製品賞：本賞」を受賞したというリリースも配信されています。

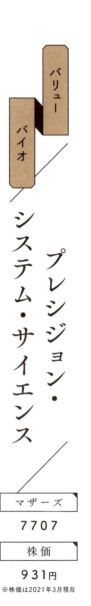

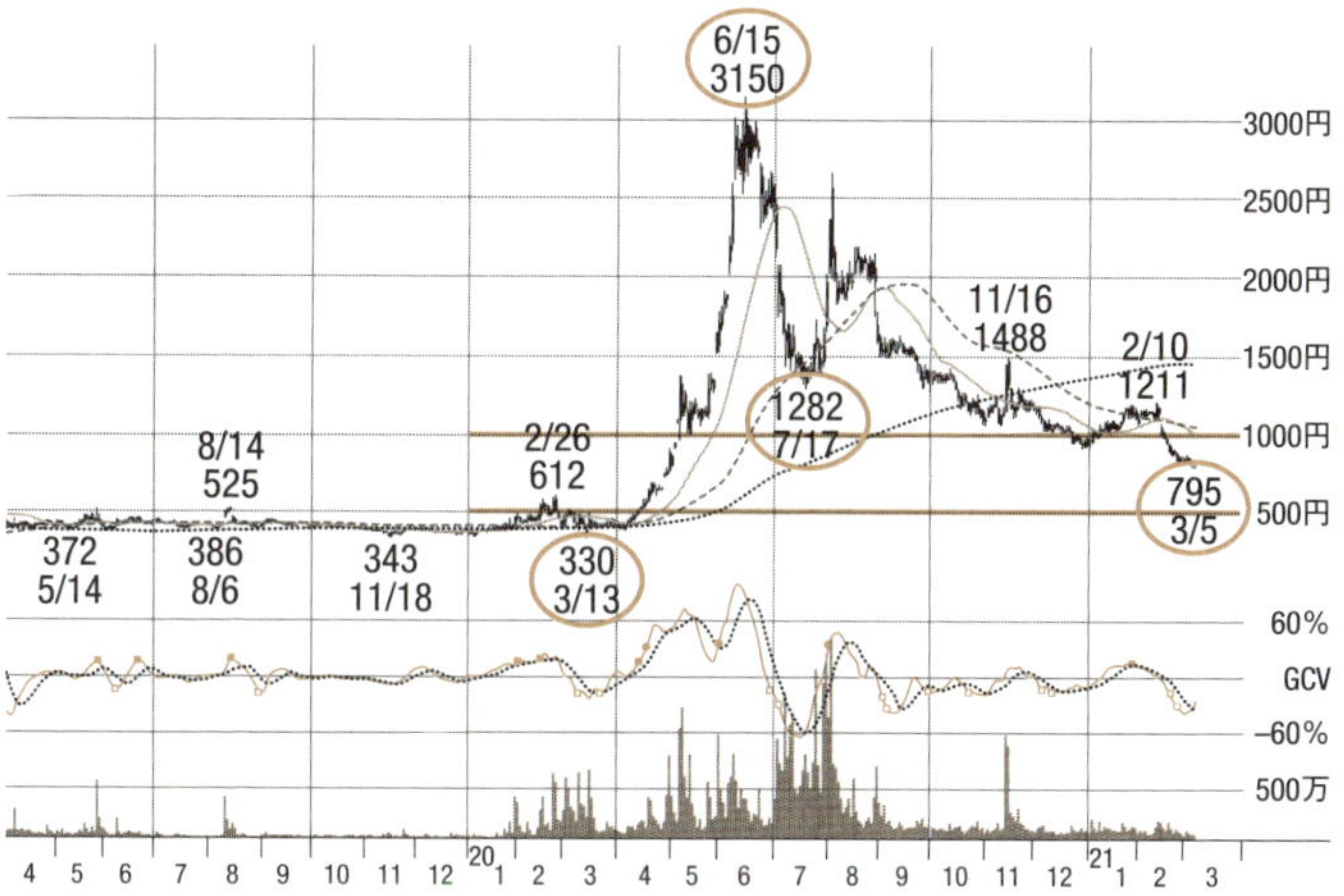

バイオ関連にはブームがあって、たとえば、昨年であればコロナに関連する事業を行なう銘柄などには注目が集まりました。プレシジョンも例外ではなく、２０２０年３月13日に３３０円だった株価は、６月15日には９倍以上の３１５０円となっています。

ただし、バイオ関連は業績の裏付けがないまま上がっているケースがあり、ブームが去ったら急落してしまうことも少なくありません。そのため、私は積極的には投資しないようにしています。

ただ、10万円が50万円、あるいは１００万円に、あっという間になる可能性もあるため、個人投資家にとってはおもしろいテーマだと思います。

バリュー

内需・消費

タスキ

マザーズ

2987

株価

2,608円

※株価は2021年3月現在

アフターコロナに注目すべき「富裕層向け」ビジネス

2013年、株式会社新日本建物グループの不動産仲介・流通を担う企業として設立され、2020年10月2日にマザーズに上場した会社。株価は10月6日に6060円の高値をつけ、その後は、滝のように下落し、11月2日に2554円となり、2021年3月現在も安値圏にあると言えます。

ホームページによると、不動産にまつわる「不動産価値流通プラットフォーム」「オンライン完結型少額不動産投資サービス」「IoTレジデンス」といった事業を展開。

私が知るところによると、マンションを一棟販売する際、個別に設計を変えるのではなく、統一した基準とすることで、デザイン料を圧縮、コストを下げるといったことにチャレンジしているようです。

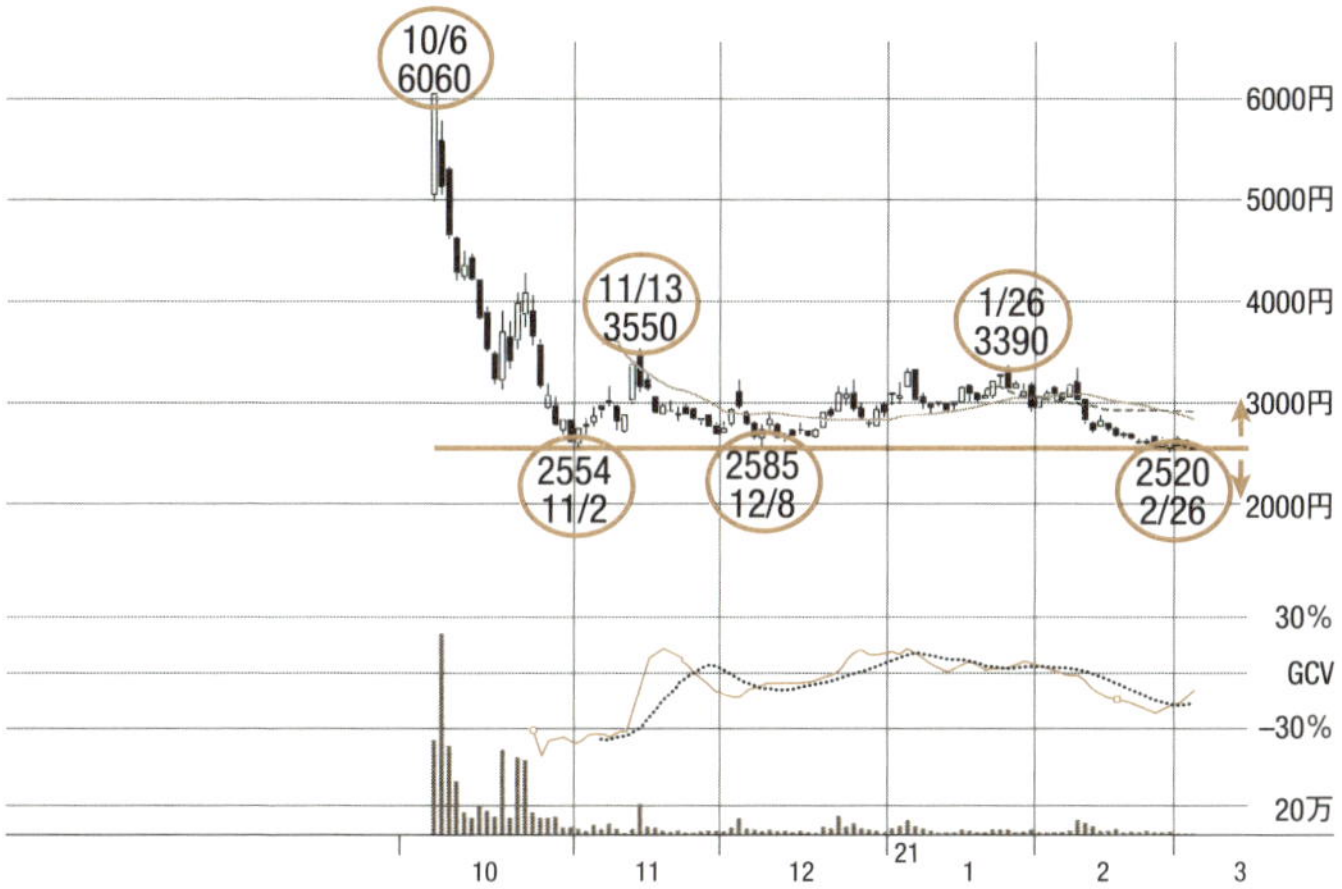

また、一棟買いの顧客は、投資あるいは税金対策、相続対策を考えている富裕層が中心ですから、コロナの影響も大きくはないでしょう。

私はこれからの時代に利益を上げる商売の1つは、富裕層を対象にしたものだと考えています。

アメリカでも日本でも、富裕層が投資対象として購入するような不動産は値下がりしない傾向にあります。

一方、非富裕層を相手にした商売は景気の影響を受けやすい。さらに、安いものが求められるからと、安くしても売れなかったりする。

この視点で考えると、ユニクロなども商品のレベルと値段を上げて、中産階級向けへの展開を考えているかもしれません。

バリュー
デジタル

ショーケース

東証一部
3909
株価
960円
※株価は2021年3月現在

時価総額80億円、まだ伸びるか

コアバリューとして「おもてなしテクノロジーで人を幸せに」を掲げ、DXクラウドサービスを展開する企業。SaaS、広告・メディア、クラウドインテグレーション分野において、テクノロジーを駆使したソリューションを提供。アサヒビール、楽天証券、マネックス証券などが導入企業として紹介されています。

企業の歴史は古く、1996年に有限会社フューチャーワークスとしてスタート。2015年に東証マザーズに上場、翌年には東証一部に市場変更。株式の22%を取締役会長の森雅弘氏、18%程度を代表取締役社長の永田豊志氏が保有。時価総額は80億円程度と、まだ伸びる可能性がありそうです。

株価は、大きく上下しながらも、2020年全体としては右肩上がりのチャートとなっ

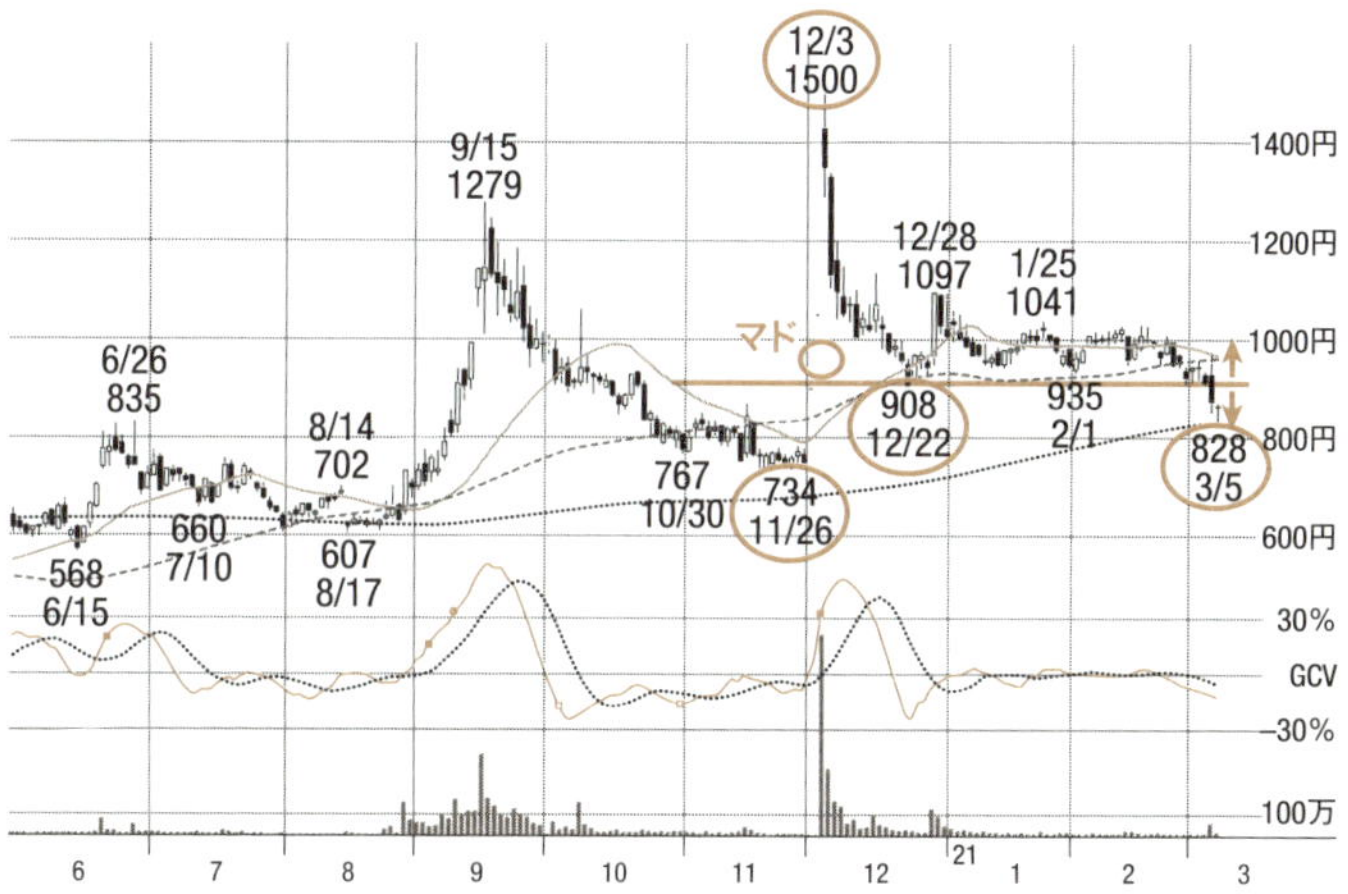

ています。２０２０年12月には急上昇し、12月３日には１５００円を記録。

その後は１０００円近辺でもみ合いが続き、２０２１年３月５日現在８２８円となっています。

なぜ、12月３日に大きく上昇したかといえば、本書でも紹介するＡＩｉｎｓｉｄｅとショーケースが「デジタルインプットやｅＫＹＣ領域における戦略的協業を開始」するというプレスリリースが11月30日に発表されたことで、市場の期待が高まったからのようです。

さまざまな企業に注目しているとプレスリリースもよりおもしろく有意義になります。

バリュー
デジタル

ピアズ

マザーズ
7066
株価
2,110円
※株価は2021年3月現在

●横展開事業の業績を見つつ判断

「店舗DX事業」「働き方革新事業」「セールスプロモーション事業」「Labo」を手がけるピアズ。携帯ショップへのコンサルティング等で培ったノウハウを、他業界へと横展開しているようです。

店舗DX事業では、オンライン接客、キャッシュレスの推進に加え、オーダーから支払いまでを顧客がセルフで行なう仕組みを構築し、効率化・省力化をサポート。そうした知見を活かし、スタジアム運営のソリューションも提供しています。

また、**子会社のリソースも使いながら、人材のトレーニング、組織コンサルティング、リモートワークの推進といった働き方改革関連事業にも力を入れているようです。**

創業は2005年。名古屋市で事業を開始した後、中国支社、関西支社を開設し、

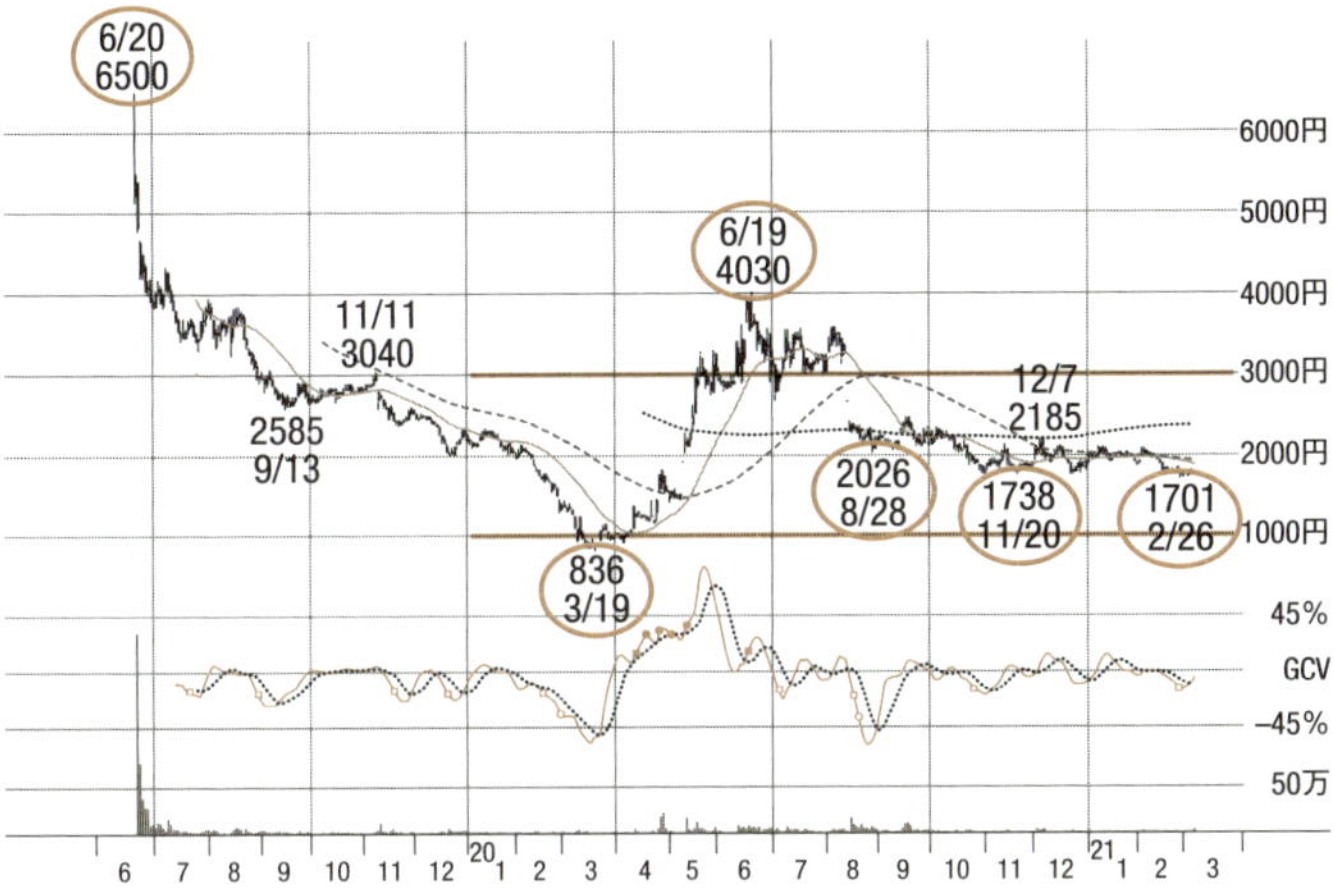

２０１７年には本社を東京に移転。２０１９年には東証マザーズに上場。

売上高は右肩上がりを続けていますが、営業利益、経常利益については、２０１９年９月期に比べ、２０２０年９月期は30％程度減少しているようです（２０２０年９月期第３四半期より連結ベースでの開示）。

株価は、２０１９年11月29日に２６１０円をつけて以降減少を続け、２０２０年３月19日は８３６円まで下落。その後反転し、６月19日には４０３０円まで上昇。しかし、８月13日に業績の下方修正を発表したことで、急落。８月28日は２０２６円、11月20日には１７３８円となっています。３月執筆現在は２０００円台という状況です。

バリュー
デジタル

日本PCサービス

名古屋証券取引所 セントレックス

6025

株価

1,773円

※株価は2021年3月現在

浮き沈みを繰り返し、再び上昇局面へ

もともとは自動車部品等の販売を目的に、2001年に設立された会社です。2003年に事業目的を「パソコンの修理、販売等」に変更し、その後は東芝、ヨドバシカメラ、積水ハウスなどと提携しながら事業を拡大。2014年には、名古屋証券取引所セントレックスに上場を果たしました。

BtoC、BtoBの双方を手がけ、個人向けには、「ドクター・ホームネット」「パソコンあんしん総合保証Revert」「中古・新古パソコン販売PASOLET」「パソコン遠隔コンシェルジュ」といったパソコン関連のサービスに加え、ホームクリーニングサービスである「おそうじ応援隊!」も展開。

法人向けには、パソコン等の設置、部品交換、データ復旧などを行なう「駆けつけサポー

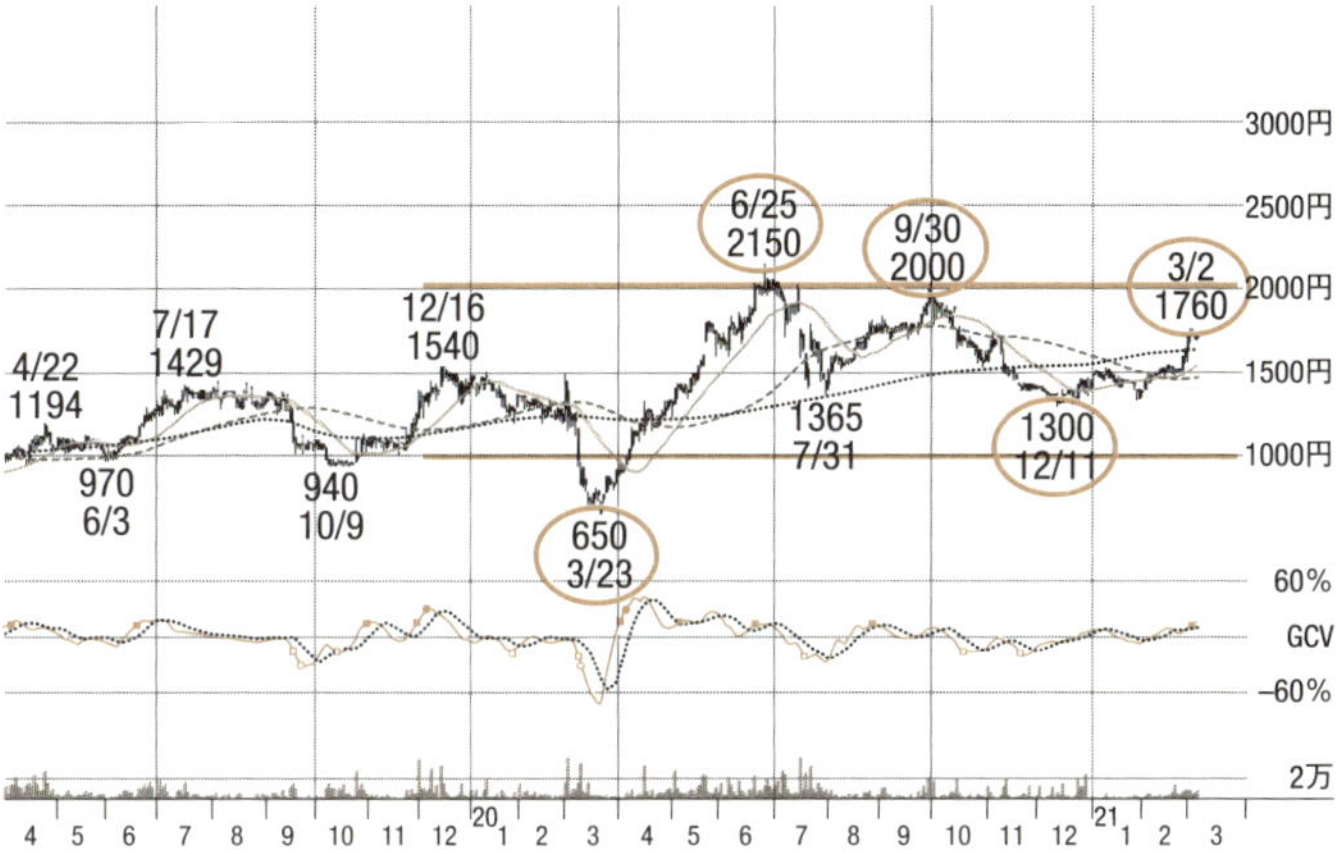

ト」の他、クラウドやセキュリティにも対応するなど、多岐にわたるサービスをラインナップしているようです。

コロナの影響でBtoB部門に関しては一時的な浮き沈みはあるかもしれませんが、ニューノーマル時代、デジタル化がさらに加速するのは確実ですから、全体としての需要は拡大していく可能性が高いのではないでしょうか。

株価は２０１９年12月16日に１５４０円をつけ、翌年２０２０年３月23日には半値以下の６５０円に。そこから上昇し、６月25日は２１５０円を記録。その後、上下を繰り返し、２０２１年は１月４日の１４８０円からスタート。２月後半から再び上昇局面に入っています。

バリュー

内需・消費

フレアス

マザーズ

7062

株価

1,140円

※株価は2021年3月現在

高齢化社会ならではのビジネス

「看取り難民ゼロの明日へ」を掲げ、マッサージサービスを中心に、訪問介護、訪問看護等も展開する企業。2019年に東証マザーズに上場を果たしています。

2000年、代表取締役を務める澤登拓氏の山梨の実家で在宅マッサージサービスを開始。2012年と2014年には、それぞれ別の会社から訪問看護事業を譲り受ける形でスタートしています。

特筆すべきは、星野リゾートとの提携ではないでしょうか。2017年に星野リゾートが手がけるブランドの1つ「界」にて、保険適用外のマッサージサービスを開始。翌年からは「リゾナーレ八ヶ岳」のSPA（スパ）サービスも手がけるようになったようです。

澤登氏自身、ホームページで「おじいさんの笑顔を半年ぶりに見た」「死にたい死にた

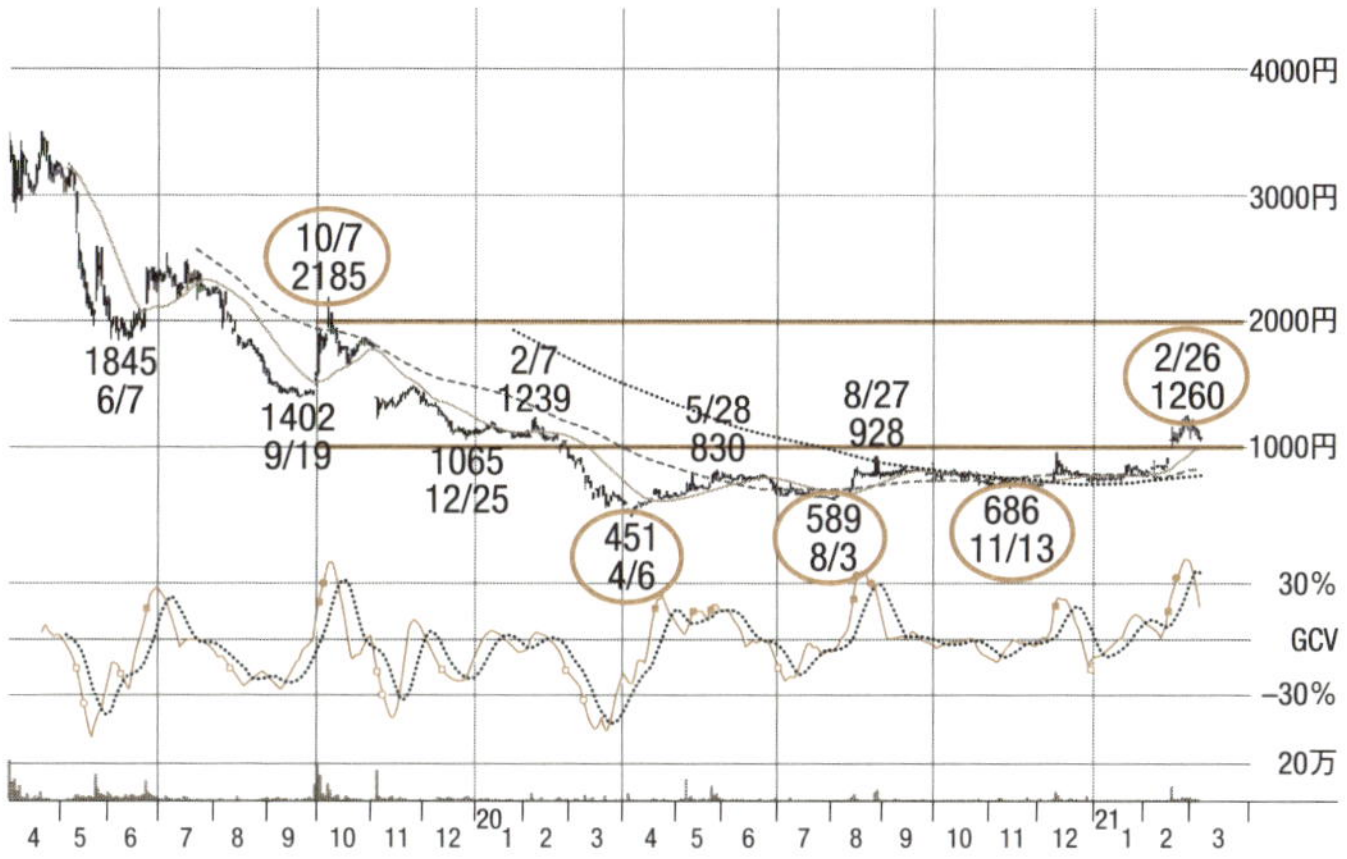

いと言っていたおばあさんが、生きることに前向きになった」といったメッセージを利用者からもらったと書いているように、**人生100年時代においては、在宅マッサージ、訪問看護、訪問介護のニーズは一層高まり、欠かせない存在になる**ことは間違いないでしょう。

2019年10月7日に戻り高値2185円をつけた後、下にマドを開けて急落。2020年の4月6日は半値以下の451円まで下落。その後は上昇トレンドに転じ、12月30日に754円まで戻しました。翌2021年は773円（1月4日）からスタートし、2月26日には1260円を記録。3月2日現在1152円となっています。

バリュー
デジタル

いつも

マザーズ
7694
株価
3,975円
※株価は2021年3月現在

東急ハンズや吉野家もサポート

2020年12月、東証マザーズに上場したばかりの企業。「D2C、ECマーケティングにおけるリーディングカンパニー」と謳っていることからもわかるとおり、広くECプラットフォームの支援を手がけています。**コロナ禍による「巣ごもり需要」も相俟《あいま》って、アマゾンはもちろん、STORESやBASEなどの利用額が増えているため、まだまだ成長の余地はありそうです。**ホームページを覗くと、「東急ハンズ」「月桂冠」「紀文食品」「吉野家」「パナソニックマーケティングスクール」など、さまざまな業種の支援をしていることがわかります。

追い風のデジタル関連株であり、企業ホームページには、坂本守社長による企業概要と今後の成長戦略についての動画もあるため、研究してみる価値はあるのではないでしょう

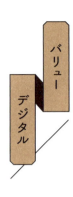

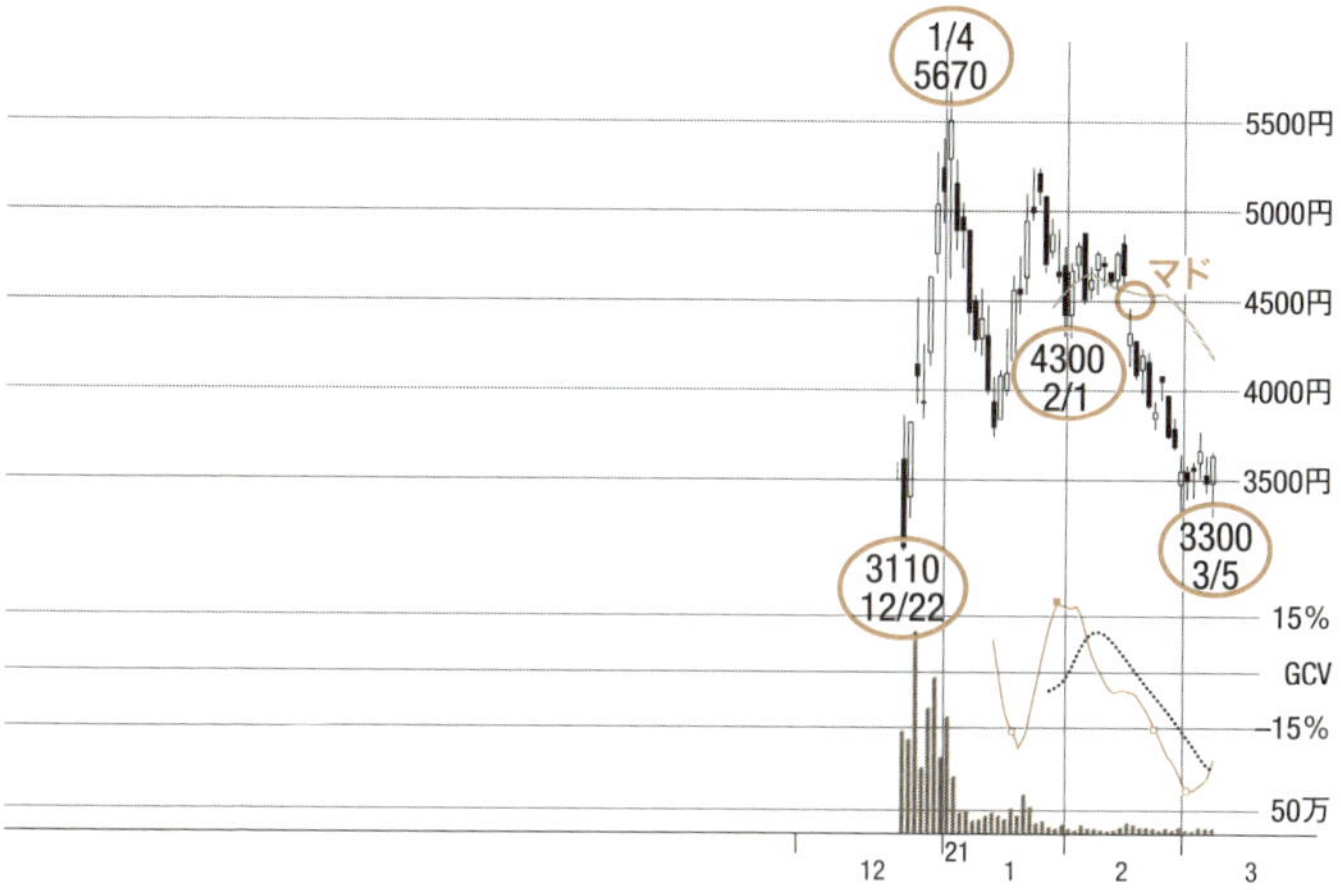

か。

副社長の望月智之氏も『2025年、人は「買い物」をしなくなる』『買い物ゼロ秒時代の未来地図』（いずれもクロスメディア・パブリッシング）といった著書があるため、デジタル分野の知見を得ながら、投資のタイミングを窺《うかが》ってみるのもよいかもしれません。

上場直後の2021年1月4日に5670円の高値をつけて、その後、2番天井、下にマドを開けて急落。3月5日に3300円まで下落。底値模索の展開でしょうか。

バリュー

内需・消費

交換できるくん

マザーズ

7695

株価

5,020円

※株価は2021年3月現在

ニューノーマル時代の住宅ビジネス

主力サービスは、社名でもある「交換できるくん」。１９９８年に、住宅設備工事業を行なう会社として設立。２０２０年12月にマザーズに上場を果たしています。

ニューノーマル時代、医療をはじめとしたさまざまな分野でネットを介したサービスが本格化することが予想されるなか、交換できるくんは、住宅設備の見積り、注文がネットで完結するという仕組みを提供しています。

ネットでサービスを展開することで、人件費等を圧縮し、低価格を実現しているのでしょう。

タレントの博多華丸氏、博多大吉氏の二人が出演するＣＭでも紹介されているように、ユーザーはスマホで部屋の設備を撮影し、送付するだけ。

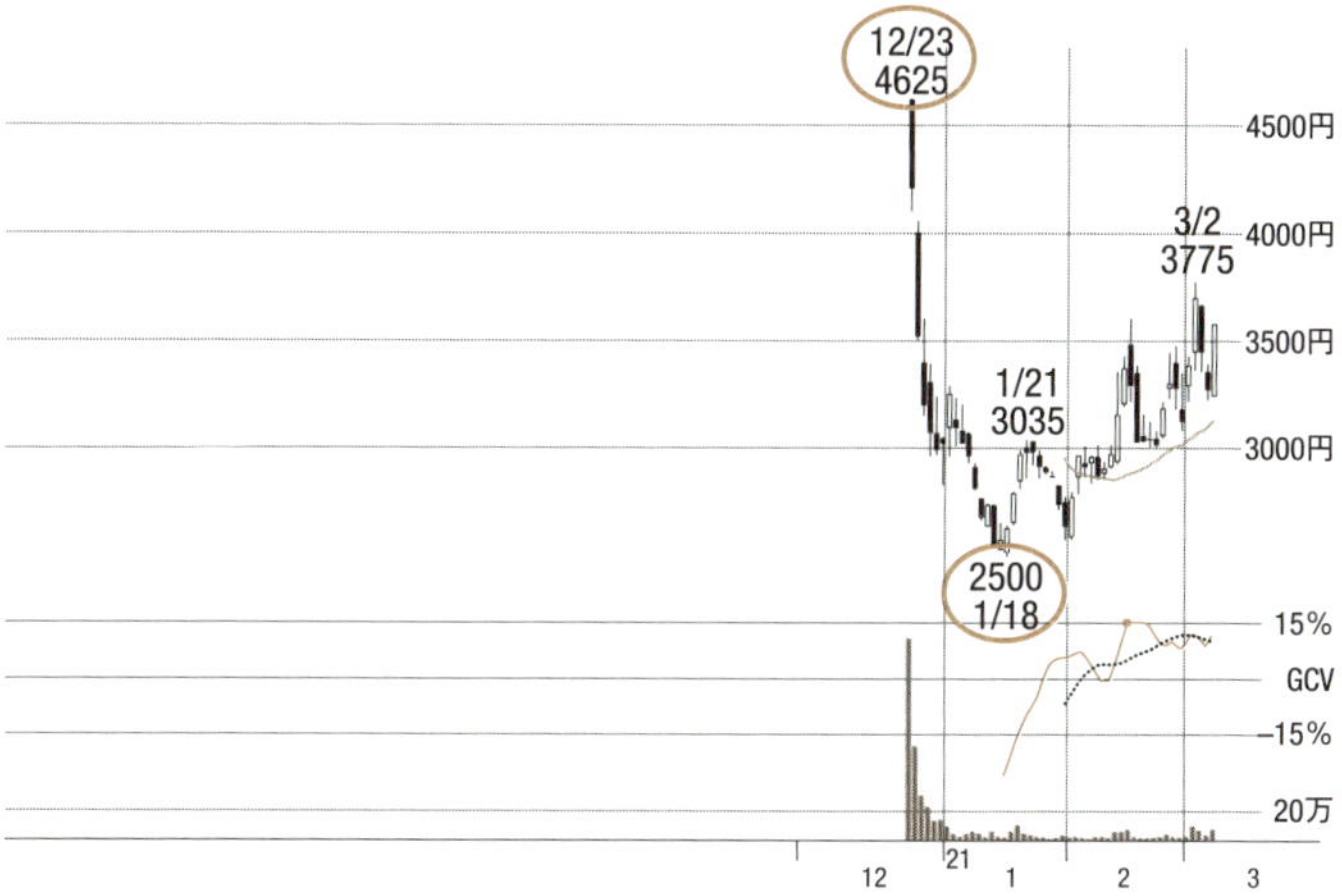

あとは、見積り、注文をインターネット上で行ない、立会いが必要なのは、工事の際のみで、アフターサービスも充実しているようです。
扱う住宅設備は、ガスコンロ、ＩＨクッキングヒーター、食洗機、給湯器、トイレ、洗面台、浴室乾燥機、衣類乾燥機等々、多岐にわたり、リンナイ、ＴＯＴＯ、リクシル、パナソニック、ノーリツ、パロマといった主要メーカーの商品を扱っています。

上場直後の２０２０年12月23日に４６２５円の高値をつけてその後大幅に下落。２０２１年1月18日に２５００円の安値をつけるが、２番底のダブルボトムを形成して反騰開始。

グロース
デジタル

ラクーンホールディングス

東証一部
3031
株価
2,267円
※株価は2021年3月現在

流通の課題をITで解決する

メーカーと事業者をつなぐ卸・仕入れサイト「スーパーデリバリー」、受発注をネット上で管理できる「コレック」、企業間後払い決済サービス「ペイド」、売掛保証サービスである「T&G売掛保証」「ウリホ」、家賃滞納リスクを回避する「ラクーンレント」というように、B to B、あるいはB to C間で発生する取引をスムーズにしたり、取引に付随するリスクを回避するサービスを展開しています。

事業内容がわかりやすいことに加え、業績についても増収・増益を見込んでいるため、初級者向けの銘柄として紹介しています。

1993年、創業社長の小方功氏が、100万円で起業。輸入業者として活動していたようですが、流通についての課題を抱える中で、ITを使った課題解決に挑戦しようと

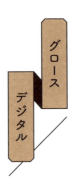

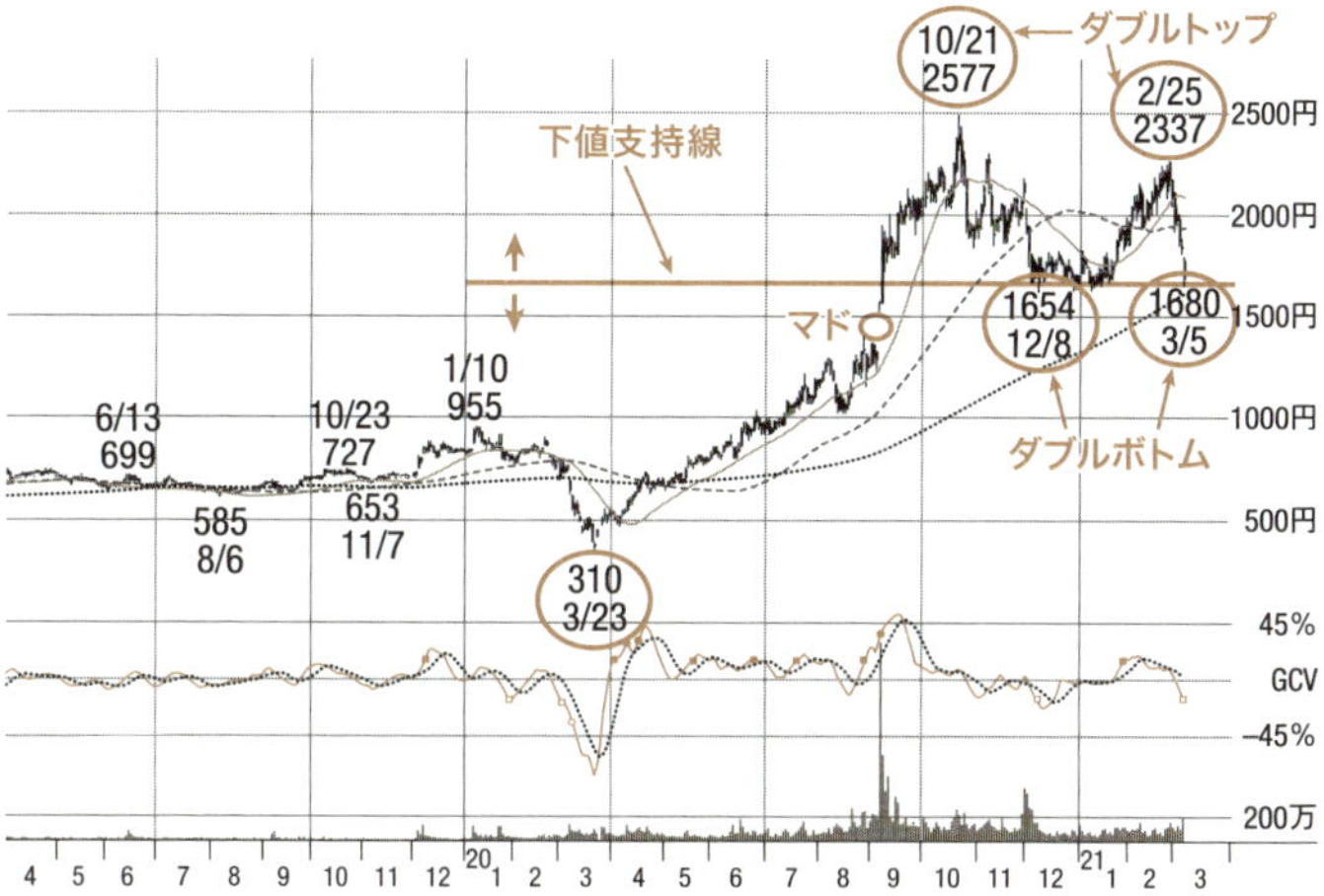

思い立ったそうです。1998年には、過剰在庫品の取引サイト「オンライン激安問屋」を開設。2006年に東証マザーズに上場、2016年に市場を東証一部に移しています。

株価は、2020年3月23日に底値である310円をつけた後、上昇に転じます。9月には、買いのサインである上マドを開け、さらに上昇。10月21日に2577円を記録した後、一度下落しますが、2021年2月25日に2337円まで戻しています。2577円と2337円というダブルトップ（2番天井）をつけて天井となり、1654円（12月8日）、1680円（3月5日）がダブルボトムとなって当面の底入れとなれば、再度上昇するチャンスも十分にあるのではないでしょうか。

バリュー
バイオ

アンジェス

マザーズ
4563
株価
1,130円
※株価は2021年3月現在

DNAワクチン開発が成功すればお宝株に

ホームページに、DNA、ゲノム、バイオというワードとともに、「遺伝子医薬のグローバルリーダーを目指して」というメッセージが掲げられているとおり、遺伝子医薬、DNAワクチンの研究、開発等を手がけている会社です。

2020年3月初旬には、新型コロナウイルスに対するDNAワクチンについて、大阪大学との共同開発着手を発表。3月下旬に非臨床試験開始。6月25日は「新型コロナウイルス感染症DNAワクチン治験審査委員会での承認」というリリースを出しています。

そうした活動と連動するかのように、2020年2月28日に375円だった株価は一気に上昇し、6月26日には2492円をつけています。しかし、その後は、再度下落を続け、10月22日には992円。2021年3月時点で最近の安値992円を下回って、

さらなる下落のリスクも出てきている。

バイオ関連は先行投資が必要なことに加え、今回に関しては、スピーディに開発を進める海外勢の後塵を拝したことも、株価下落に大きな影響を与えているように思われます。ただ、国内勢のなかでは先行しているという報道もあり、２０２１年秋頃には製造を開始するのではないかとも言われています。そうした動きが、今後、株価にどう影響するか――。

先述したように、バイオ関連には業績の裏付けがないことが多く、アンジェスも赤字が続いています。ただ、**開発に成功したなら、一転、お宝株になる可能性も秘めている点では、ゲーム関連と似たようなところがあります。**つまり、典型的なハイリスク・ハイリターン銘柄です。

バリュー

内需・消費

グラフィコ

ジャスダック

4930

株価

4,640円

※株価は2021年3月現在

●株主優待も踏まえて検討

健康食品、化粧品、日用品、一般医薬品の企画・開発・販売を手がける会社。自社の通販サイトやドラッグストアだけでなく、アジア、北米といった地域にも展開しています。

もともとは、化粧品といった女性向け商品のマーケティング等を行なう会社として、代表取締役で筆頭株主の長谷川純代氏が、1996年に設立。その後、商品開発、流通までを手がけるようになり、2017年には、医薬品、化粧品の製造販売会社「みらいファーマ株式会社」と合併し、医薬品の分野についても強化。商品の中には、1500万個近い販売実績を記録しているものもあるようです。

ホームページでは、ヘルスケアというカテゴリーで、ハローキティとコラボしたこともある「満腹30倍」や「なかったコトに！」、ビューティーケアカテゴリーでは「優月美人」

「スキンピース」といった商品のほか、一般医薬品も紹介されています。また、CSRの一環として、「温活女子会」といった活動も展開。

上場後の2020年9月24日に1万500円あった株価は、年末の12月11日には4060円まで下落。12月時点では、バーゲンセールとして買いだったかもしれませんが、3月5日に4305円まで下落、4060円に対してダブルボトム形成となるかを見極める必要があります。

また、「自社商品詰め合わせセット」「自社商品券」がもらえる**株主優待制度が用意されている**という点からも、購入を検討する余地はありそうです。

バリュー
デジタル

オークファン

マザーズ
3674
株価
1,749円
※株価は2021年3月現在

ただのオークション関連銘柄ではない

創業社長であり、株式の39%を保有する武永修一氏は、学生時代に体験したインターネットオークションに魅せられ、起業。当初はブランド買取サービスを展開していましたが、価格比較メディア「aucfan.com」の前身となるサービスを譲り受けたことをきっかけに、別会社として設立されたのが、オークファンです。

今では、AIを使った販売価格の最適化が可能な「zaicoban」、世界最安値を検索できる「オークファンプロPlus」といったサービスを展開し、EC全般を支援する会社となっています。オークション人気が高まる今にマッチした事業内容といえそうです。

私が注目しているのは、企業の在庫品の流通マーケットを創造した点です。ゾゾタウンが、衣類の在庫流通マーケットを押さえてあれだけ大きくなったことを考えると、さらに

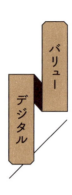

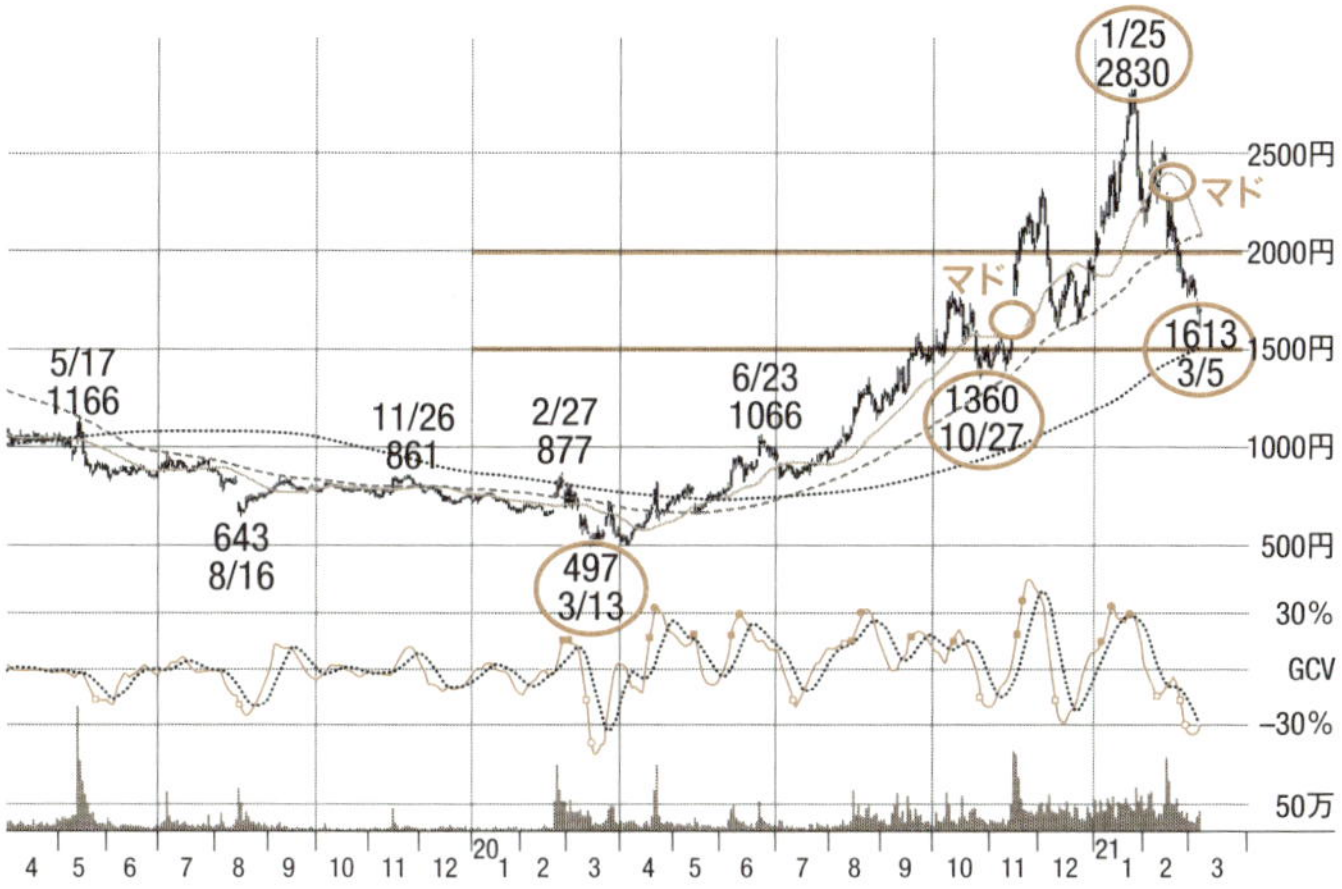

多くのサプライヤーがオークファンのプラットフォームを使うようになったら、アマゾン的な規模感となることも夢ではないかもしれません。

にもかかわらず、時価総額は230億円程度に留まっています。中長期的に見れば、2000億円くらいまで大きくなる可能性を秘めているのではないでしょうか。

2020年2月27日に877円をつけた株価は、3月13日に497円まで下落。その後は、6月23日に1066円、12月2日には2329円と右肩上がりに上昇。2021年1月25日に2830円で天井となり、その後下マドを開けて急落。3月5日に1613円の安値をつけている。今後は下げ過ぎの反動高が予想されるが、当面、半値戻し近辺の2000円が壁となりそうです。

バリュー
デジタル

AI inside

マザーズ
4488
株価
34,900円
※株価は2021年3月現在

上がり下がりが激しくとも目を離せない

ニューノーマル時代にぴったりの事業であるAI技術を活用したOCR「DX Suite」を展開する企業。「DX Suite」は、手書きの文字も高い精度で読み取れる、資料を自動で仕分ける、どこを読み取るかもAIが判断するという3つの特徴を有しているそうです。

契約数は1万2900件を超え、導入例としては、KDDI、NECネッツエスアイ、住友林業、リクシル、テレビ朝日、ロフト、ブリヂストンといった企業の名前が挙がっています。創業は、2015年。2004年から人工知能の研究を続けてきた創業社長で、50%程度の株式を保有する渡久地択氏の脇を、金融畑出身のボードメンバーが固めています。

これも2020年、上がりっ放しのチャートとなっています。1月6日に1万1800

円をつけて以降、しばらく大きな動きはありませんでしたが、3月27日に1万3280円を記録して以降は上昇に転じ、6月23日は4万1300円となっています。一度、8月12日に2万9950円と3万円を切りましたが、11月16日は9万6000円と、10万円目前まで上昇。1月の1万1800円と比べると、実に8倍以上の伸びとなっています。

ただし、その後は7万円近辺でもみ合い、2021年2月に入ったあとに急落。

とはいえ、**執筆時点で時価総額は1600億円を超える巨大企業となっていますので**、昨年、東の横綱級だった株は今後も注目しておいて、損はないと思います。

バリュー

利回り

SOSiLA物流リート投資法人

東証リート

2979

株価

142,000円

※株価は2021年3月現在

配当狙いの不動産投資信託にも注目せよ

初級編の最後には、株式ではなく、リートと呼ばれる「不動産投資信託」5銘柄を紹介します。株と同じように市場で売買できますから、リートに投資して、配当を得るというのも悪くはありません。

リート購入の狙いは基本的には「配当」です。キャピタルゲインはおまけ程度に考えておきましょう。一方の株式は「キャピタルゲイン」がメインになります。その違いを知ったうえで、うまく使い分けるのがポイントです。

私の周りには、4%程度の配当をもらったうえで、キャピタルゲインまで得て、一財産を築いた方はたくさんいます。現在の大手銀行の金利は0・001%程度しかなく、100万円預けても年間の利息は10円程度。普通預金と違って、**リートにはリスクがあ**

りますが、銀行に預けたまま、お金を寝かせておくのはもったいないと思えるなら、リートは有力な選択肢になりえます。

１つ目のＳＯＳｉＬＡ物流リート投資法人は住友商事系のリートで、住商の物流に投資している会社です。ホームページには、住友商事が「開発機能」、資産運用会社が「運用機能」、投資法人が「保有機能」を担って、成長を目指すことが明記されています。

現在の配当利回りは３・75％程度（２０２０年11月期）。第２期の確定分配基金は２３９０円。価格は、２０２０年３月19日に８万３０００円をつけてからは上昇を続け、８月４日は15万６８００円、２０２１年３月執筆現在14万円台となっています。

バリュー

利回り

星野リゾート・リート投資法人

東証リート

3287

株価

618,000円

※株価は2021年3月現在

● 星野リゾートがスポンサーのリート投資法人

誰もが知っているリゾート運営会社である星野リゾートがスポンサーとなっているリート投資法人。ホームページには、美しい写真とともに、「ニッポンの観光産業の成長の果実を享受できる仕組みを作る」「投資主が投資口の保有を通じて、ニッポンの観光産業の果実を享受できる仕組みの実現を目指しており、これにより投資主価値の継続的な拡大を図っていきます」というメッセージが掲げられています。

2020年10月期の保有物件数は62件。「星のや」「星野リゾート　リゾナーレ」「星野リゾート　界」といった人気リゾート施設の名前が挙がっている一方で、資産規模の推移というグラフによると、**全体で1627億円のうち、「星野リゾートグループ運営」は500億円超であり、グループ会社以外への投資も積極的に行なっていることが窺えま**

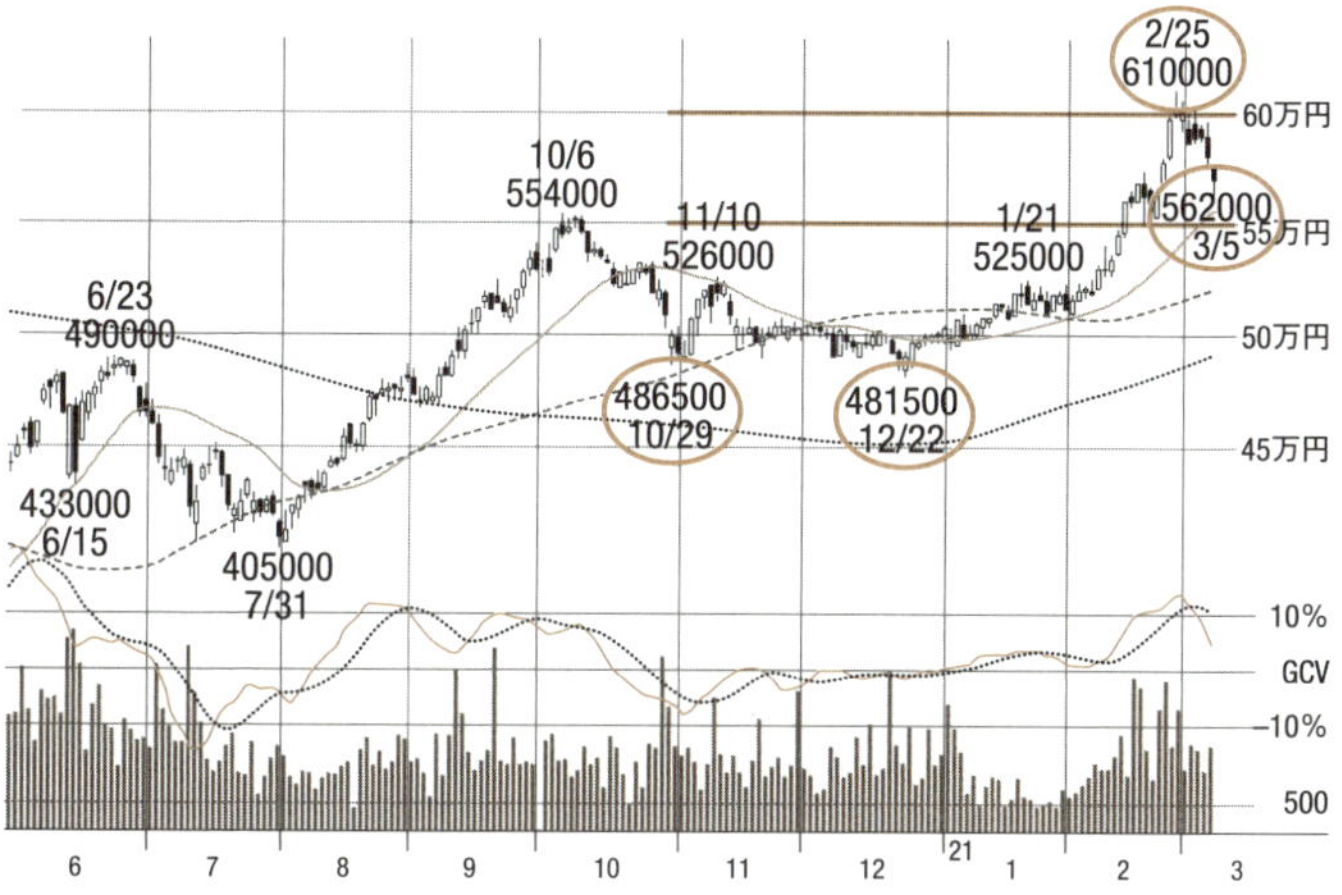

す。

また、ホームページトップには、「確定分配金」「予想分配金」が非常にわかりやすい形で明記されています。２０２０年10月期（第15期）は、投資口１口あたり１万２８６０円で確定。２０２１年４月期（第16期）、10月期（第17期）はそれぞれ、６３９０円、５９８７円の予想となっているようです。

２０２１年２月25日61万円の高値をつけて反落。３月５日に56万円台まで下落。当面55万円から60万円のボックス相場（Ｐ１７９参照）となりそうです。

グロース
利回り

三井不動産ロジスティクスパーク投資法人

東証リート
3471
株価
538,000円
※株価は2021年3月現在

物流が重要なニューノーマル時代の注目リート

社名を見れば一目瞭然であるため、もはや説明は不要かもしれませんが、ららぽーと等の商業施設、オフィスビル、ホテル・リゾートなどを手がける大手総合デベロッパーの三井不動産の「物流不動産」をメインの投資対象とした投資法人。

ホームページには、「日本有数の総合デベロッパーである三井不動産と物流施設事業における戦略的な協働関係を構築し、物流不動産を主な投資対象として投資主価値の最大化を目指します」と書かれています。

価格は２０２０年１月28日に53万９０００円をつけてから、３月19日には33万６０００円まで下落。その後、８月４日には60万３０００円まで上昇し、２０２１年３月５日現在48万１０００円となっています。コロナ禍の影響もあり、一度は下落しましたが、現

状はすでに高値圏にあると言えそうです。

ただ、ニューノーマルと言われる時代には、物流が非常に重要な要素となるため、今後も期待ができる銘柄であることは間違いないでしょう。

第8期（2020年7月期）の確定分配金は6977円。第9期（2021年1月期）、第10期（2021年7月期）の予想分配金はそれぞれ7283円、7772円となっています。

保有物件数は20件。資産規模の合計は2824億円で、星野リゾート・リート投資法人より1000億円以上も多いようです。首都圏比率が50%を超えている点、築年数が5年弱となっている点など、他のリートと比較するのもおもしろそうです。

バリュー

利回り

大江戸温泉リート投資法人

東証リート

3472

株価

81,700円

※株価は2021年3月現在

配当利回り5％弱の高水準推移

ホームページに掲載されているポートフォリオを見ると、北は宮城県にある「大江戸温泉物語　幸雲閣」、南は長崎県の「大江戸温泉物語　長崎ホテル清風」まで、14の温泉関連施設を擁していることがわかります。

また、「本投資法人は、主として大江戸温泉物語グループが運営する、大江戸モデルが導入された温泉・温浴関連施設へ重点投資を行います」とあるように、大江戸温泉グループとの相互成長を目指す形で設立されています。

ただ、コロナの影響によって、温泉施設は大きな打撃を受けることになりました。大江戸温泉リート投資法人も例外ではなく、2019年11月5日に10万円だった価格は、2020年3月19日には4万5000円と、半値以上下落。その後、上下はありますが、

5月26日に7万7500円、10月8日に7万4900円、そして2021年2月現在も7〜8万円台近辺を維持しています。1口あたりの分配金は2020年11月期（第9期）が1996円で確定、2021年5月期（第10期）、11月期（第11期）はそれぞれ、1922円、1875円の予想となっています。

2019年の11月に比べ、価格は落ちているとはいえ、**現在の配当利回りは5％弱と高水準で推移しているため、銀行預金と比べると、雲泥の差があると言えるでしょう。**

また、投資優待制度として、対象施設で使える利用券1000円分が保有口数に応じてもらえるという特典もあるようです。温泉好きの人には魅力的かもしれません。

バリュー

利回り

三菱地所物流リート投資法人

東証リート

3481

株価

427,000円

※株価は2021年3月現在

リートにおいて盤石さは強み

本書では一貫して「誰もが知っている株は買うな」というメッセージを発信していますが、リートは別物と考えていただくのがよいでしょう。たとえば、三菱地所物流リート投資法人は、多少のことではダメにならないイメージどおり、大手の風格が漂っています。

2020年2月21日に42万5000円だった価格は、一度は3月19日に25万6000円と下落しますが、8月3日には49万9000円と下落前よりも高値をつけ、2021年3月執筆現在も42万円台と高値圏にあります。

第8期（2020年8月期）の確定分配金は6003円。第9期（2021年1月期）、第10期（8月期）の予想分配金はそれぞれ、6520円、6685円。2月12日現在の配当利回りは3%程度。

リートに投資する際は、比較的値段の安いIPOのタイミングで購入を検討するのもおすすめです。私はSOSiLA物流リート投資法人が2019年の年末に上場した際に投資しましたが、IPO発行価格の10万3000円を上回る初値11万2500円をつけたのち、最終的には1・5倍程度になりました。結果、配当がどかんと来たのを記憶しています。

以上、初級編の銘柄を紹介してきましたが、これだけでも、資産を増やすためのヒントがたくさん詰まっています。投資はある種の情報戦であり、情報を持っているか否かだけでも随分と変わってきますので、引き続き情報への感度を維持して、自ら興味をもって投資先を探し続けていただければと思います。

中級編

INTERMEDIATE

LESSON 2

見逃せない
注目銘柄30

初級編で紹介した銘柄に比べ、中級編では、株価が高値圏にあるグロース株も多く入ってきます。業務内容も複雑な企業が増えますが、今どんな企業が成長しているかに注目しながらチェックしてみてほしいと思います。

グロース

内需・消費

ディップ

東証一部

2379

株価

2,910円

※株価は2021年3月現在

「バイトル」「はたらこねっと」の運営会社

新興市場においては、昔から有名な銘柄だったディップ。２００４年に東証マザーズ上場、リーマンショック後の２０１３年には、東証一部に上場。設立は１９９７年と新しい会社ではありません。

自らを「労働力の総合商社」と謳っていることからもわかるとおり、メイン事業の人材紹介業に付随する求人広告掲載料や紹介手数料などが主な収益源となっているようです。

「バイトル」「はたらこねっと」などの求人・転職サイトの名前は、誰もが一度は聞いたことがあるのではないでしょうか？　パソナのオフィスの一角でスタートして以降、業界のなかでもいち早くインターネットを使ったサービスを展開し、一時はヤフーとも提携していました。

しかし、今回のコロナ禍を受け、人材紹介業界も大きな打撃を受けることになります。２０２０年２月10日に３７００円だった株価は、４月６日に１４７９円まで下落。その後は再度上昇して２０２１年２月16日には３２１０円という高値をつけて切り返しています。２０２０年の高値３７００円を奪回できるかどうかです。

コロナ禍が終わりを告げれば、人材紹介系のサービスの需要は盛り返すことが予想されます。そのため、長期的な投資を実践している方であれば、「買い」も選択肢の１つと言えるでしょう。

グロース
バイオ

ユーグレナ

東証一部
2931
株価
1,062円
※株価は2021年3月現在

ミドリムシでジェット機を飛ばせるか?

「大量培養したミドリムシをバイオ燃料にして、ジェット機を飛ばす」構想が脚光を浴びているユーグレナ。もはや解説不要というくらいに有名な会社ではないでしょうか。

もともとは、創業者の出雲充氏が世界の食料問題解決のためにミドリムシに着目したところからスタート。グラミン銀行のインターンのために訪れたバングラデシュで、子どもたちが栄養失調に苦しむ姿を目にした出雲氏は、帰国後に農学部に転部し、ミドリムシに出会うことになるのです。

今では、「ヘルスケア」「ビューティーケア」「遺伝子/健康検査サービス」「子どもの健康改善」など、さまざまな事業を展開していますが、株価は安定しているとは言えない状況にあります。

コロナ禍でジェット燃料のユーザーである航空会社の業績が悪化したこと、ミドリムシ由来の燃料がコストに見合った働きをするかを疑問視する声があることも、株価に影響を与えているのかもしれません。一番の要因は業績が芳しくないことでしょう。2020年9月期の業績は、経常利益がマイナス10億円を超えています。ジェット燃料を製造する工場への先行投資、計画の遅れなど、課題は多いものの、**最近ついにユーグレナのバイオ燃料でジェット機が飛び立つ日が近いと報じられています。**

2021年3月の執筆現在、その期待から株価は急騰しています。

時価総額（執筆現在800億円程度）が示すとおり、市場の期待度が高い銘柄と言えます。

バリュー
デジタル

ディー・ディー・エス

マザーズ
3782
株価
221円
※株価は2021年3月現在

一般の認知度が低くて、伸びている業種の魅力

指紋認証分野では大手にもかかわらず、あまり知られていないため、お宝株になる可能性を秘めている銘柄。ホームページによると、「指紋認証ユニット」「万能認証基盤」「二要素認証基盤」といった製品を抱え、複合カフェを展開する企業や市役所、教育委員会などを顧客に持っているようです。販売パートナーとしては、住友商事マシネックス、東芝情報システム社、キヤノンマーケティングジャパン、NECネッツエスアイ、NTTデータ・アイなど、大手のグループ会社が名を連ねています。

株式投資の1つのポイントは、誰もが知っている会社ではなく、あまり知られていない会社に投資すること。そういった会社に底値圏で投資できるなら、業績が上向いたときに、4倍、5倍になる可能性があるからです。一方、誰もが知っている有名な会社で、5倍を

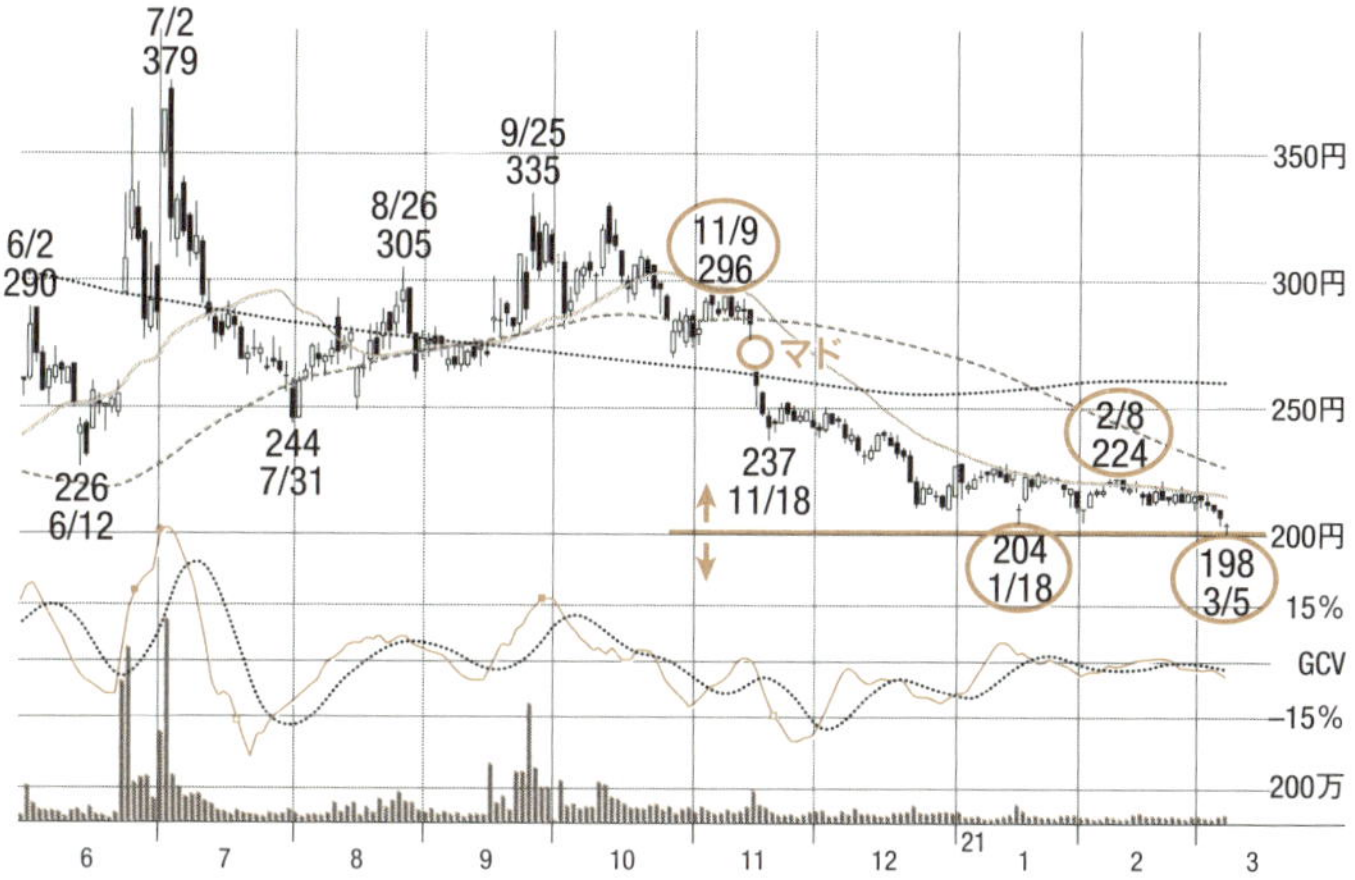

狙うのはなかなか難しい。

また、テクノロジー関連はこれから盛んになる業界と言えますが、ディー・ディー・エスもユーグレナなどと同じように、業績があまりよくありません。開発費用といった初期投資が先行している可能性もあります。

もう1つ、ディー・ディー・エスで注目すべきは、時価総額の小ささです。まだ100億円程度と小さいため、株価が下がっている今、買っておくのも選択肢の1つと考えられるでしょう。

職業投資家は、上がるのを待つ間にお金を遊ばせたくないため、上がり始めたタイミングで購入を検討することになるでしょう。

グロース
バイオ

富士フイルムホールディングス

東証一部
4901
株価
6,605円
※株価は2021年3月現在

数少ない「変身できる」大企業

本書の中では珍しく、誰もが知っている会社の富士フイルム。もはや解説は不要ですが、すでにフィルムの会社ではありません。**一般的に、大企業であればあるほど、業態を変更することは困難を極めますが、今現在、バイオ関連を手がける富士フイルムは、「変身」することができた数少ない大手企業の1つと言えます。**

「世界は、ひとつずつ変えることができる。」というテレビCMをご覧になった方もいるでしょう。「科学で肌を守る。」「ひざ軟骨をつくる。」「超音波をポケットに入れる。」「ディープ紫外線を遮断する。」「ウイルスを早く見つける。」「肺がんと戦う。」といったさまざまなテーマにチャレンジしているのが、変身後の富士フイルムです。

結果的には、コロナ治療薬としての承認は見送りとなっていますが、グループ会社であ

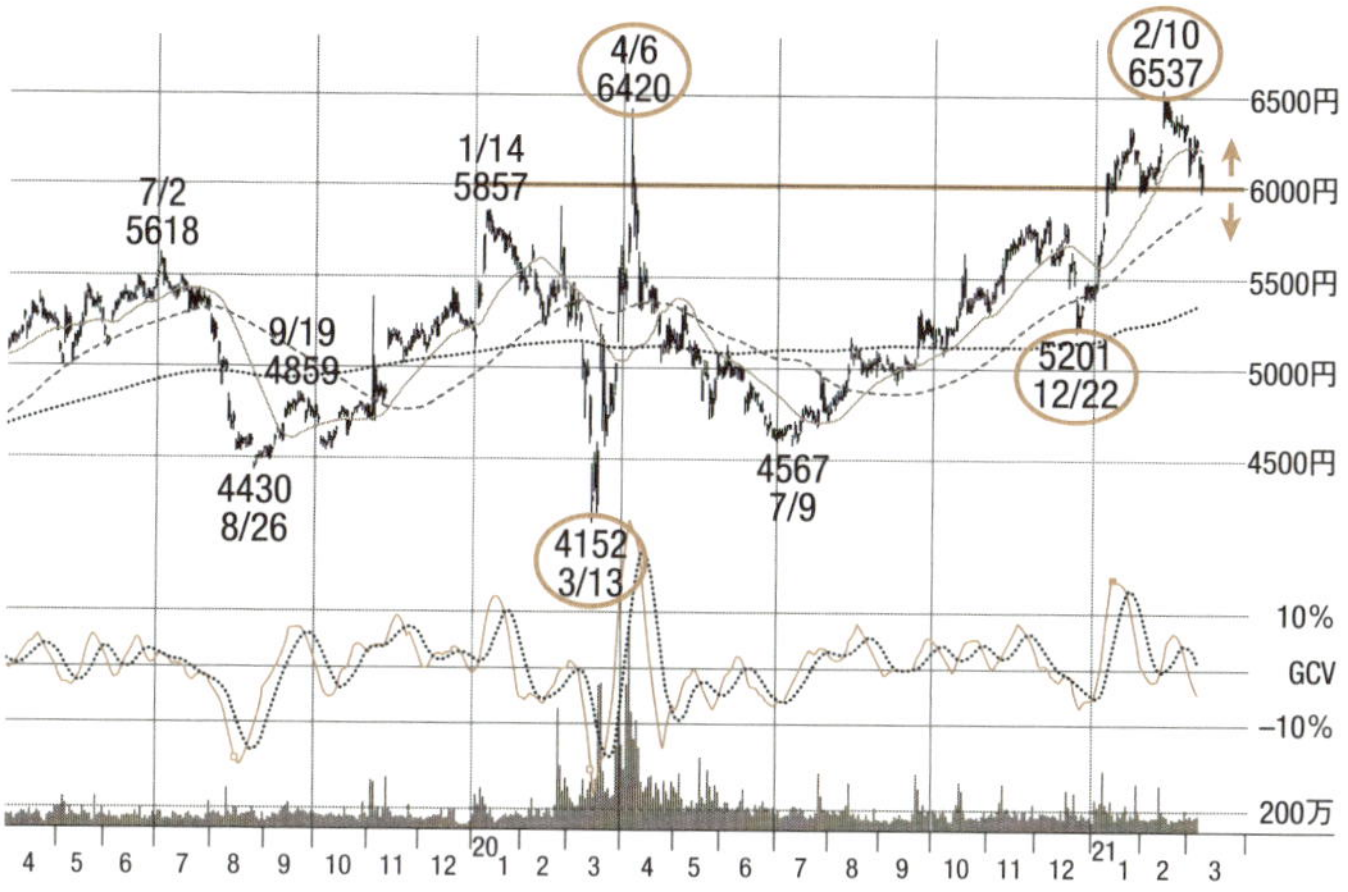

る富士フイルム富山化学が開発したアビガンは、度々メディアで取り上げられました。

株価は、2020年3月13日に4152円をつけた後、「アビガン、新型コロナ治療の臨床試験開始」の報と連動するように、4月6日には6420円に上昇。その後、7月9日に4567円まで下落しますが、2021年2月10日には6537円を記録しました。

時代が変わっても生き残っていくであろう「変身企業」としての風格が感じられる銘柄と言えるでしょう。「誰もが知っている会社の株は買うな」と私は常々言っていますが、この株は例外の1つです。

グロース
内需・消費

ノエビアホールディングス

東証一部
4928
株価
5,190円
※株価は2021年3月現在

投資家は大株主が社長の会社に注目する

こちらも他の新興株と比較すると、知名度の高い企業と言えるノエビア。株価は2020年12月8日に4155円で底入れ。その後上昇して2021年2月9日に5080円の高値をつけて反落。しかし今なお高値圏の4000〜5000円台を維持しています。

ここで1つ、投資をする際のポイントをご紹介しましょう。私は投資先を選定するときには、大株主のリストを確認するようにしています。筆頭株主、あるいは大株主が社長だったら、株価が上がる可能性が高まると考えているからです。業績が上がって、株価も上がれば、大株主でもある社長の財産も増えることになります。その点、株式をあまり保有していない雇われ社長とは、モチベーションが違ってくるのです。

その筆頭が、ソフトバンクの孫正義氏でしょう。一時は「資産が激減」といった報道もされていましたが、2021年の2月に発表された第3四半期の決算では、純利益が3兆円を突破したことがニュースになりました。そのため、株式の20％以上を保有する孫氏の資産も再び急増したはずです。

ノエビアの主要株主リストを見ると、創業者で会長の大倉昊氏、社長の大倉俊氏が合わせて14％程度の株式を保有していることがわかります。そうした観点からも、**大企業でかつオーナー会社であるノエビアホールディングスは注目に値すると、私は考えています。**ただ、コロナ禍で化粧品メーカーは軒並み業績が悪化しているため、株価は一時下落していましたが、2021年3月現在高値圏で推移しています。

バリュー
デジタル

ベクトル

東証一部
6058
株価
1,289円
※株価は2021年3月現在

有望なベンチャーの出資先でもあるPR業界の雄

ブランディング、IRコミュニケーション、ニュースリリース、ビデオリリース、マーケティングを含むPR全般を扱う企業。

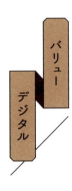

3万社を超える顧客企業を抱え、PR市場に留まることなく、広告業界のFIRST COMPANYとして6兆円規模の広告市場へ打って出ると宣言する同社は、戦略PR業界の雄と言ってもよいでしょう。株式については、創業者の西江肇司氏が約36%保有しています。

特筆すべきは、2020年に上場した会社の代表格である「サイバーセキュリティクラウド」「ヘッドウォータース」をはじめとするベンチャー企業150社程度に出資している点です。なかでも、ヘッドウォータースは、公開価格2400円に対して、

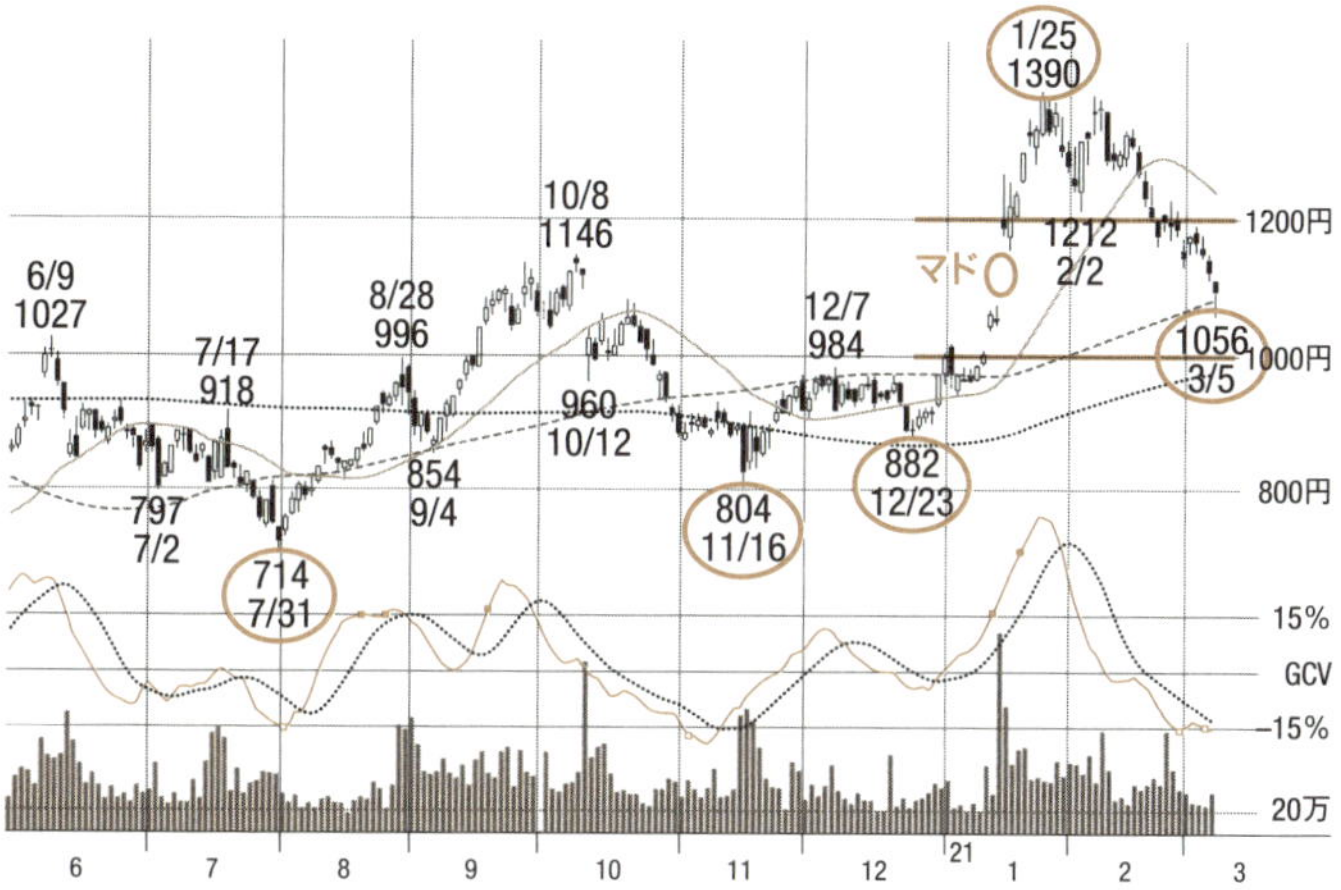

2万8560円という初値をつけ、初値上昇率が歴代1位の11・9倍という記録を樹立した有望銘柄となっています。その他、2016年に上場したエアトリにも出資しています。

今後も、出資先の企業が次々と上場する可能性も高く、将来性が高い銘柄と言えるでしょう。

ただ、日本の監査制度ではベンチャー企業に投資する場合、すべて負債と見なされるため、業績的にはマイナスになっている点にも留意したいところです。

株価は2020年3月23日に517円をつけてから緩やかに上昇を続け、2021年3月5日現在1056円まで回復。現状は、安値圏にある可能性が高く、今後に期待が高まる銘柄の1つとなっています。

バリュー
内需・消費

ピアラ

東証一部
7044
株価
1,704円
※株価は2021年3月現在

波に乗るEコマースを支援する成果報酬型企業

Eコマース支援企業のピアラの特徴は大まかに2点あります。1つは、美容品、健康食品領域に限定していること。もう1つは、成果報酬型である点です。自ら「マーケティングコミットカンパニー」と称しているように、KPI保証プランを導入し、クライアントがサービスを導入しやすいビジネスモデルを展開しています。

あらゆるデータを駆使して戦略を構築し、広告やDMといった打ち手の効果を検証しながら、予算を最適な形に組み直すことを強みとしているようです。今まで600社以上との取引があり、KPI保証サービス継続率は95%以上というデータも示されています。

ホームページに、「クライアントのために、お互いの利益増幅を最適化」「サービスとエンドユーザーのWinな関係」「組織の中のWinな関係」「会社と社員が相互

Ｈａｐｐｙな関係」「自己と周りの相互Ｗｉｎ関係」という約束が掲げられていることからも、顧客のメリットと自分たちのメリットのベクトルを合わせることで、互いの利益最大化を目指すスタンスが徹底されていることが窺えます。

２０２０年７月にはマザーズから東証一部へ市場を変更した同社の株価は、４月３日に８８２円をつけて以降は上昇を続け、10月７日には２８５７円、12月１日に２６９９円の戻り高値をつけて、ダブルトップとなりその後、急落。２０２１年３月５日現在１５８０円となっています。**コロナ禍の影響もあり、あらゆる分野のＥＣ化が加速化していることを考えると、追い風が吹いている銘柄と言えるでしょう。**

グロース
内需・消費

識学

マザーズ
7049
株価
1,950円
※株価は2021年3月現在

●もみ合う株は強い

俳優の要潤氏が「識学コンサルタント」に扮して問いを投げかけるユニークなCMを展開する識学。代表の安藤広大氏には、『伸びる会社は「これ」をやらない！』（すばる舎）、『リーダーの仮面 「いちプレーヤー」から「マネジャー」に頭を切り替える思考法』（ダイヤモンド社）などの著書もあります。

そもそも「識学」とは何か。ホームページには、「識学は『成果の上がる組織をつくる』理論です。組織内の意識・思考のズレを取り除き、ハイパフォーマンスな組織を作りあげます」とあります。

サービス内容を見る限りは、識学の理論を熟知した「講師」によるコンサルティング、研修に加え、クラウドサービスも展開しているようです。

ここで、株式投資のポイントを1つご紹介しましょう。2020年8月、9月あたりに、大きく上がりもしなければ、下がりもしない時期があるのが、わかりますでしょうか。**こういう状態を「もみ合っている」と表現しますが、もみ合う株は「強い」傾向にあります。**

また、この株については、7月9日の1546円から大きく下がらずに約半年（6カ月）もみ合って、2020年の年末12月28日に1239円の安値をつけて底入れ、その後急騰しています。このように長くもみ合った後に上昇する株は強いです。

2021年2月24日に2805円で天井。3月4日に2084円の安値をつけています。当面は2000～2500円のボックス相場となるでしょうか？

グロース
内需・消費

ギフト

東証一部
9279
株価
2,126円
※株価は2021年3月現在

ラーメン店を展開する企業、アフターコロナでどうなるか

社名だけでは想像できないと思いますが、横浜家系《いえけい》ラーメンの「町田商店」、「釜焚とんこつ ばってんラーメン」や「釜焚きとんこつ がっとん」といったラーメン店を展開する企業。「町田商店」は東北、関東、東海、近畿、そして中国地方の岡山県まで広くチェーン展開をしているようです。

「家系」にはさまざまな流派があるようですが、「町田商店」のサイトには、「横浜家系ラーメンは、1974年以降に神奈川県横浜市で生まれた豚骨醤油ベースの中太麺を特徴とするラーメン。元々屋号に『~家』とつける店が多かったことから、家系と呼ばれるようになりました」という記載があります。

2018年10月マザーズ上場時は、3710円の初値を記録しましたが、コロナの影

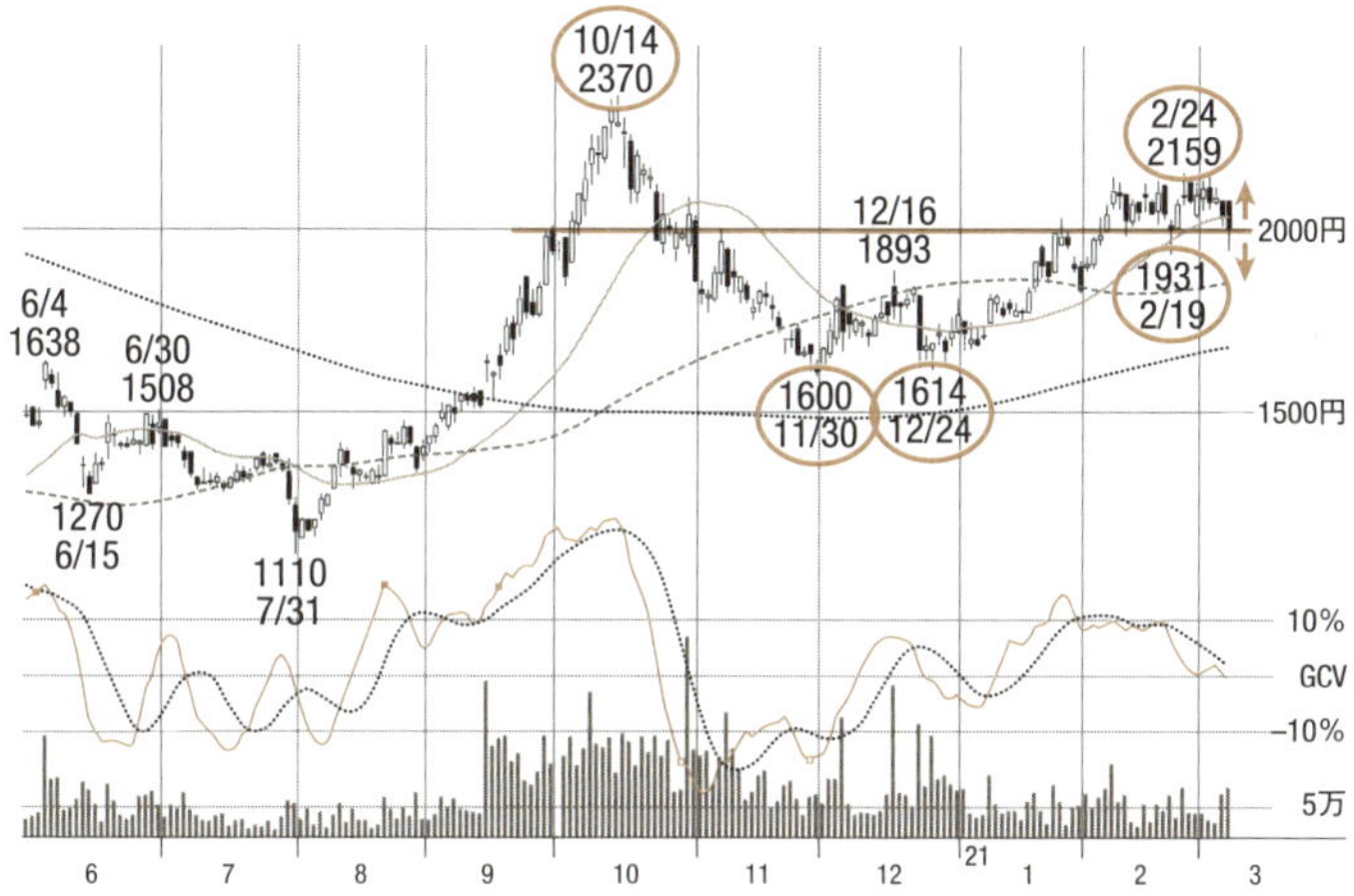

響もあり、２０１９年12月5日は４８００円だった株価は、２０２０年3月23日には、８０８円まで下落。その後、10月14日には２３７０円まで回復。その後、再び下落してダブルボトムを形成。２０２１年2月24日には２１５９円の高値をつけています（２０２０年9月には、マザーズから東証一部へ移行）。**上場時には大変人気のあった株ですが、外食であるため、密になることを敬遠されたのでしょう。そういった意味では、割安な状態にあると言えそうです。**

コロナが収束したあと、どのくらい回復するかがポイントといったところでしょうか。

また、保有株式数に応じて食事券がもらえる株主優待もありますので、家系ラーメン好きの方はチェックしてみてください。

グロース
内需・消費

ベネフィット・ワン

東証一部
2412
株価
2,952円
※株価は2021年3月現在

時価総額5000億円超の成長企業

もともとは福利厚生のアウトソーシング事業を行なう会社として、1996年に設立されましたが、今現在は、金融、旅行、ヘルスケア、購買・精算代行といったさまざまなサービスを展開。中国、アメリカ、シンガポール、ドイツ、タイ、台湾、インドネシアなどにも進出しています。

代表取締役社長の白石徳生氏は、もとはパソナグループに在籍していて、ベネフィット・ワンもパソナの社内ベンチャー第1号として設立された会社です。その後、2004年にジャスダックに上場、2006年には東証二部、2018年には東証一部に市場を移し、今では時価総額が5000億円を超え、800億円強のパソナを凌駕するまでに成長。2020年3月期の売上高は370億円強、営業利益は約84億円、経常利益は約

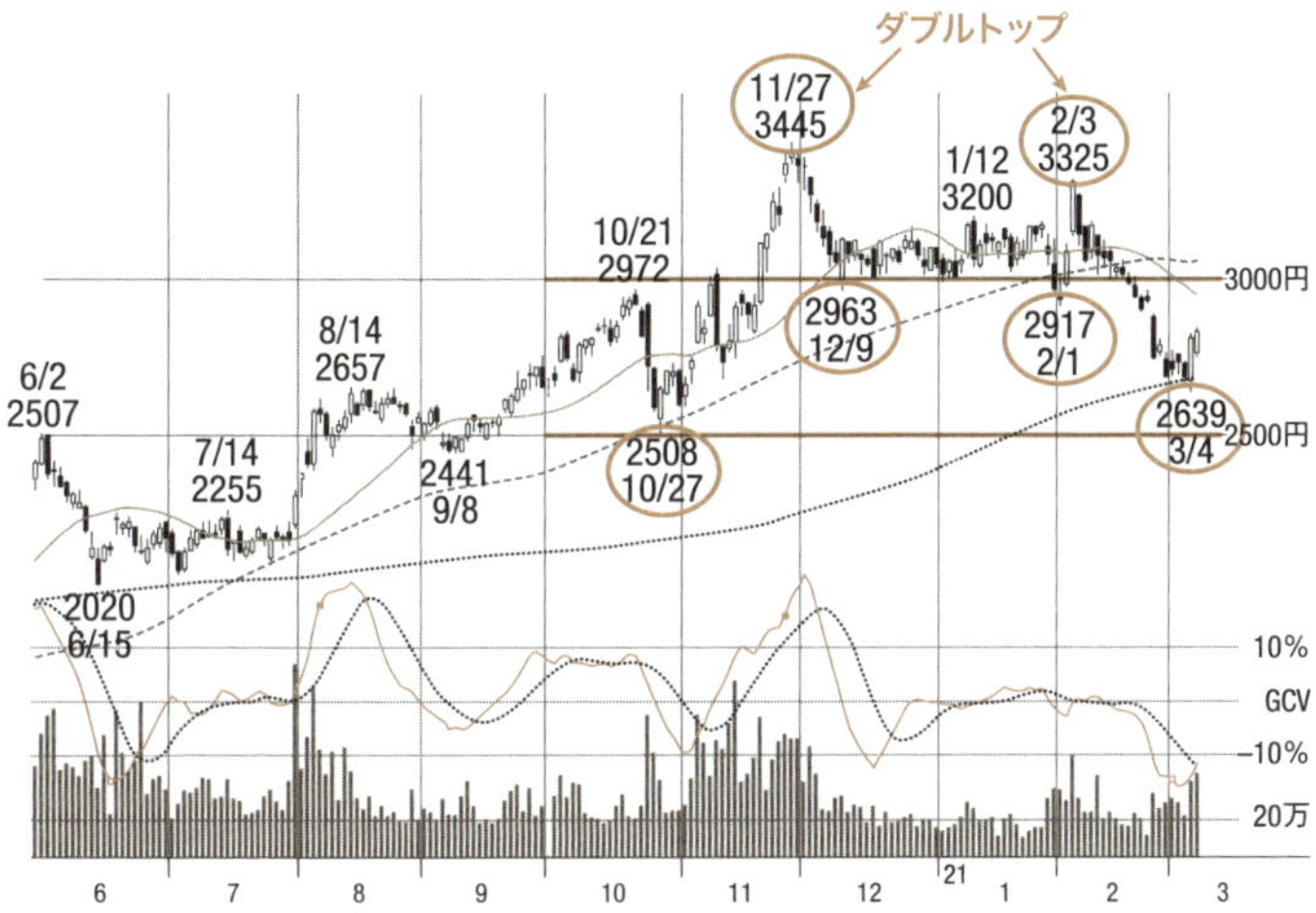

84億6000万円と右肩上がりとなっています。**大株主のリストの中には、社長の白石氏も名を連ねていますが、注目すべきは過半数を取得しているパソナグループ。**パソナの経営にとっても、ベネフィット・ワンが好調であることは、安心材料の1つとなっているのではないでしょうか。

株価は、2019年12月4日に2441円をつけた後、2020年3月17日には1104円まで下落。その後上昇を続け、2020年11月27日には3445円と、3月17日の株価と比べ3倍以上に。2021年2月3日に3325円の戻り高値をつけてダブルトップ。その後反落して3月4日に2639円の安値をつけていますが、高値圏を維持しています。業績、株価も右肩上がりのグロース株の代表的銘柄と言えます。

バリュー
デジタル

テラスカイ

東証一部

3915

株価

3,385円

※株価は2021年3月現在

●専門性の高い企業の情報は専門家から得る

世界シェアナンバー1のCRMと言われるSalesforce、アマゾンが展開するクラウドサービスプラットフォームであるAWS、LINE公式アカウントとService Cloudとを連携させる「OMLINE-I」といったさまざまなプラットフォームやサービスを組み合わせ、顧客に最適なソリューションを提供する企業です。

株価は、2020年2月13日に3585円をつけた後、3月13日には2001円に下落。その後は上昇を続け、10月12日には5750円。2021年3月5日時点は3115円の安値をつけて下落トレンド。底値模索が続いています。

こういったデジタル関連の会社の技術やサービスの質というのは、残念ながら、『会社四季報』を読んでも、企業のサイトを見てもわかりません。

では、どうすればいいのでしょうか。

私は、自分ではわからない領域を手がける企業については、その道のプロ、専門家に確認するようにしています。専門家であれば、当該企業の実力がどの程度か、業界内で次に来るのはどの企業かといったことを知っているからです。

自分がわからない領域にはやみくもに手を出さず、一次情報を持っている人に直接話を聞いたり、知人でなくともそうした人の寄稿記事やブログから情報収集をして、投資判断をしてほしいと思います。

バリュー

デジタル

PR TIMES

東証一部

3922

株価

3,310円

※株価は2021年3月現在

加速するオンライン社会で業績を伸ばす

コロナ禍の影響で、オフラインからオンラインに移行する動きが加速しました。企業が行なう宣伝や新商品の紹介といったことも、当然、オンライン化されていくことになります。

PR TIMESは上場企業の40%以上が活用し、サイトのPV数は月間5200万以上で国内シェアナンバー1。また、PR TIMESが手がけるプレスリリースは、大手新聞社のウェブメディアを含む月間1億PV以上のサイトにも転載されることを考えると、その影響力は絶大だと言えるでしょう。

2014年からは、リリースに動画を挿入するサービスも開始し、スマホ世代が主流になる時代への対応も先んじて行なっているようです。

会社は2005年に設立。2016年にマザーズに上場、2018年には東証一部に市場を変更しています。売上高、営業利益、経常利益、当期純利益すべてにおいて右肩上がりの成長を続けるニューノーマル銘柄と言えるでしょう。

2020年8月には株式を分割しました。

実は、この企業の株を50％以上持っているのは、本書でも紹介しているベクトルです。ベクトルの項で、150社程度に出資していると説明しましたが、その1社が、PR TIMESなのです。そういった意味でも、ベクトルが投資している企業はもう一度確認しておいたほうがいいかもしれません。

バリュー
デジタル

ヘッドウォータース

マザーズ
4011
株価
17,070円
※株価は2021年3月現在

2020年、最も話題になったIPO企業

2020年で一番話題となったIPO企業。歴代1位の初値上昇率11・9倍を記録したというのは、ベクトルの項で述べたとおりです。公開価格が2400円だったため、もし100株買っていたら、24万円が一気に240万円以上になるという歴史的なIPOだったわけです。

初値上昇率ばかりに目が行きがちな企業ではありますが、歴史のあるベンチャーで、ソフトバンクのPepperのアプリ開発等を、発売前から行なっていました。

企業理念は「高度なITナレッジを駆使して事業を開拓・推進する、新しいタイプのエンジニアを現代日本に輩出する」。ディープラーニング画像解析、IoTアプリ開発、顔認証決済プラットフォーム開発といった「AIソリューション」、クラウドネイティブ

アプリやオンライン診療クラウドアプリ開発をはじめとする「DX（デジタルトランスフォーメーション）サービス」など、最新技術を使ったさまざまなソリューションを提供しています。

また、自社だけでなく、たとえば、ブランド事業やデジタルマーケティング事業を手がけるブランディングテクノロジー社や、医療・介護事業を展開する桜十字グループと提携するなど、シナジーを生むためのコラボレーションも積極的に行なっています。

株価は先述したように、上場後すぐに急上昇し、２０２０年10月６日に３万６５２０円をつけた後、12月22日には１万２５５０円と大きく下落。２０２１年３月現在は復調傾向にあります。

グロース
デジタル

HENNGE

マザーズ
4475
株価
7,030円
※株価は2021年3月現在

Slack や Dropbox などのクラウドサービスに安全を提供

社名を目にした際、一瞬、何と読めばいいのか、戸惑ってしまう人も多いのではないでしょうか。「へんげ」と読むクラウドセキュリティサービスを提供する会社です。Microsoft365、Slack、Dropbox、Salesforce、kintoneといったクラウドサービスへのアクセスを簡易にかつ安全に行なうSaaS認証基盤である「HENNGE One」や、センサーによって遠隔でも会議室の利用状況が確認できるなどの機能を備えた「HENNGE Workstyle」といったサービスを展開しています。

女優の白石麻衣氏が、パスワードを忘れて困ってしまうというCMでも、「脱パスワード」で一括ログイン」という言葉が出てくるように、テクノロジーを使って、世の中に変化をもたらそうとしている会社と言えそうです。

ＨＥＮＮＧＥの歴史は意外に古く、１９９６年に設立され、２０１９年にマザーズに上場。初値は公開価格の40％以上の２００１円をつけた後、11月１日に１４０４円と下落。それでも、年末の12月30日には１９１８円まで戻し、一度は１７７３円まで下落しますが、それ以降は上昇を続け、10月21日には９７６０円と、１７７３円の５倍以上に。さらに２０２１年１月25日は１万６１０円をつけて新高値を更新しましたが、その後急落。ダブルボトム形成へ。

今、少し高値をつけて休憩していますが、上昇第２波がくる可能性は十分にあると思います。また、大企業や官公庁とのつながりが強い、つまり「よい顧客」を有しているというのも、今後の業績を占うポイントの１つでしょう。

バリュー
デジタル

ビザスク

マザーズ
4490
株価
4,015円
※株価は2021年3月現在

ニューノーマル時代の働き方をリードする

先のテラスカイの項で、専門的な分野の情報は、その道のプロに教わるに限るということをお伝えしましたが、ビザスクが提供するプラットフォームでは、さまざまな分野の一次情報に接することが可能になっています。ホームページにも、「リアルで鮮度の高い一次情報に簡単にアクセスできる『スポットコンサルサービス』」という表現が使われているように、最短24時間で候補者を選定し、1時間から活用できるとのことです。

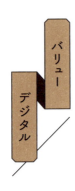

トヨタ自動車、パナソニック、オムロン、NEC、三菱UFJ銀行、三井住友銀行、KDDI、東京メトロ、NTTコミュニケーションズといった名だたる企業が導入していることからも、利便性の高さが窺えます。

また、サービスを享受する側ではなく、提供する側も登録が可能になっています。ビザ

スクではそうした人材を「アドバイザー」と呼び、メーカー、小売、飲食、医療、金融、教育、メディア、不動産といった多種多様な分野の知見を有した方々が活動しているようです。

これまで日本人は、場合によっては好きでもない仕事を、やりたくない時間にやらないといけませんでした。**しかし、ニューノーマル時代には、好きな時間に好きな仕事をやる方向へシフトするのではないでしょうか。**そのほうが楽しく働けて、効率もいいからです。

株価は2020年3月30日に910円をつけた後、上昇を続け、10月21日には5270円と、5倍以上に。2021年1月14日に5450円をつけてダブルトップで天井。その後急落して底値模索か。

バリュー
デジタル

コマースOne ホールディングス

マザーズ
4496
株価
4,910円
※株価は2021年3月現在

優れた技術力で大化けあるか

ECサイトの構築・運営等を支援するプラットフォームである「futureshop」をはじめとしたEC関連のサービスを提供する企業。簡単に言ってしまえば、楽天市場の簡易版といったところでしょうか。**コロナ禍の影響で、アマゾンや楽天といった古株のECプラットフォームだけでなく、BASE、STORES、Shopifyといったサービスの利用者も急増している**こともあり、futureshop事業も当初の予定より伸びている模様です。

社長の岡本高彰氏が在籍していたインターネット広告などを手がけるオプトの一事業として立ち上げたプロジェクトをきっかけに、2006年に法人化された会社です。

先ほど、「簡易版」という表現を使いましたが、競合他社に比べても、性能は抜きん出ていると評価する専門家の声も聞かれます。2020年の安値が774円だったBASE

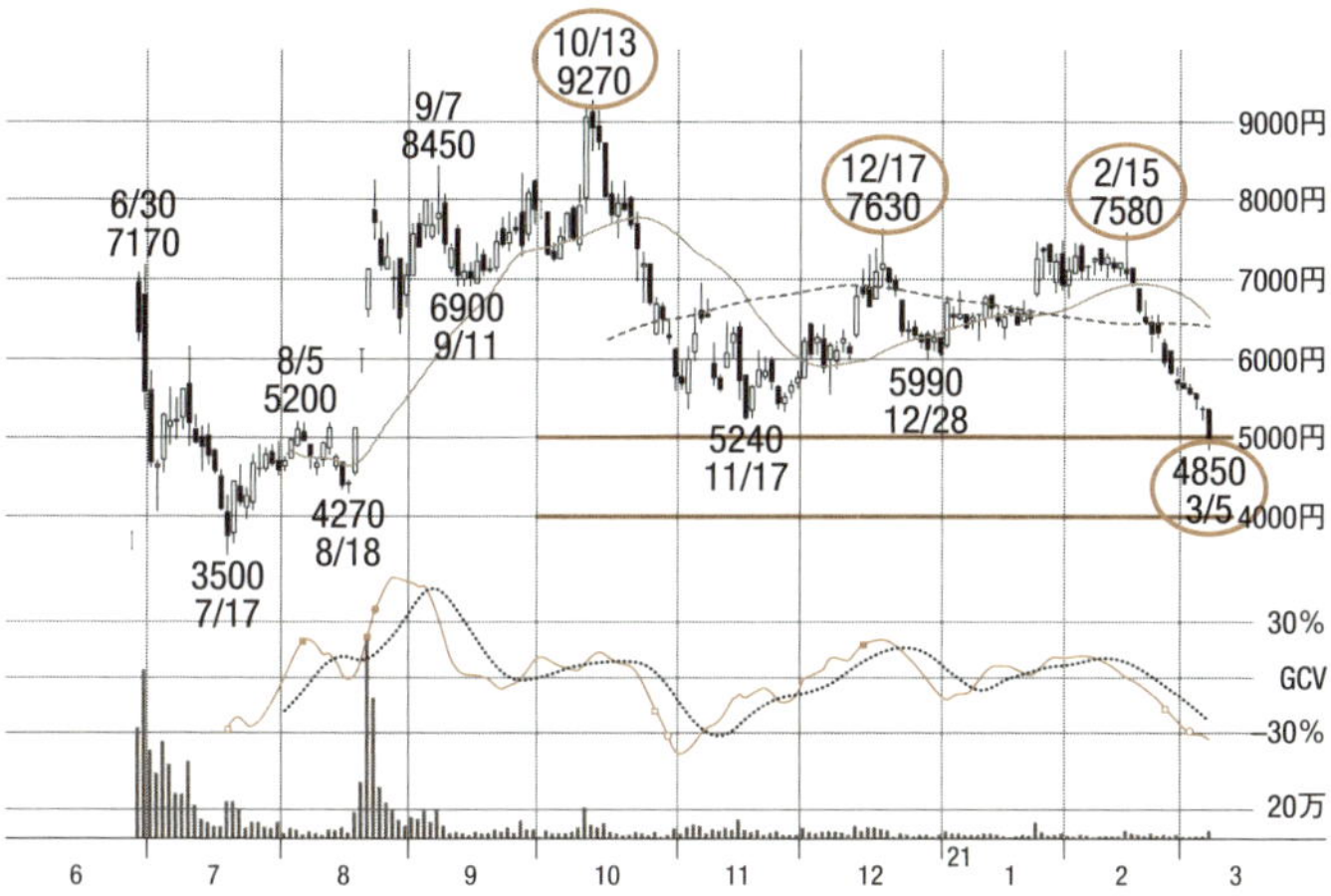

の株価が、一時20倍以上の１万７０００円超まで上がったことを考えると、コマースＯｎｅホールディングスの株価がこれからさらに上がる可能性は十分にありそうです。

また、ＢＡＳＥの時価総額２０００億円を超えているのに対し、コマースＯｎｅホールディングスはまだ２００億円程度と小さく、上がった場合のインパクトは計り知れません。

ただ、２０２１年３月５日には４８５０円をつけて安値を切り下げています。当面、底値模索の展開でしょうか？

バリュー
バイオ

モダリス

マザーズ
4883
株価
2,146円
※株価は2021年3月現在

希少疾患を解決する技術を開発する

バイオ関連銘柄です。モダリスは、治療法の見つかっていない希少疾患を解決するための技術開発をしている会社です。CRISPRというゲノム編集技術を応用した、新しい創薬のプラットフォーム技術「CRISPR-GNDM」が、事業の柱となっています。

ホームページには、「遺伝子治療とは何か」「ゲノム編集とは何か」、そして、「CRISPR-GNDMとは何か」が素人にもざっくりとわかるようなページも用意されていますから、一度ご覧になるとよいかもしれません。

2016年1月、東京大学発のベンチャーとして設立。東京大学工学部卒、同大学院修了という経歴を持つ代表取締役CEOの森田晴彦氏を筆頭に、東大医学部、理学部他、有名大学の大学院出身者が脇を固めています。

２０２０年８月３日にマザーズに上場。２５２０円の初値をつけた後、一気に上昇し、８月25日には一時４０７０円をつけました。しかし、そこから下落を続け、12月17日には半値以下の１７０１円に。本書でも紹介している富士フイルムが、10％弱、株式を保有しているようです。

12月17日の時点で、底値か否か、これからさらに下落し、１７０１円を下回るかどうかを判断するのは簡単ではありませんでした。ただ、**そうしたタイミングで、「バーゲンセールだ」と考えて買った結果、「当たり」となる人も出てくる**わけですから、株価の波動を読みながら、「これだ！」と思う株を探していただければと思います。

バリュー

内需・消費

ドラフト

マザーズ

5070

株価

1,019円

※株価は2021年3月現在

● 底値の見極めは難しいが、本書ではレアなデザイン関連株

デザイナーの山下泰樹氏が率いる設計デザイン会社。本書の中では異色のテーマであり、インテリア、オフィス、商業施設と幅広く活動しています。「オフィスの外でも簡単に情報共有ができ、店舗に行かなくても欲しい物が手に入るこの時代に、あえて足を運ぶことの『価値』とはなんだろうか?」——ホームページで自ら問題提起しているように、ECサイトで商品を購入し、リモートで働くのが当たり前になるニューノーマルの時代に、どのような空間づくりを行なうかは、非常に重要なテーマになってくるのではないでしょうか。

「The Best of Year Award 2018」「Reddot Award 2018」「Liveable Office Award 2016」「Spark Award」などでの受賞歴も多数あり、クライアントには、JR東日本、KDDI、サイバー

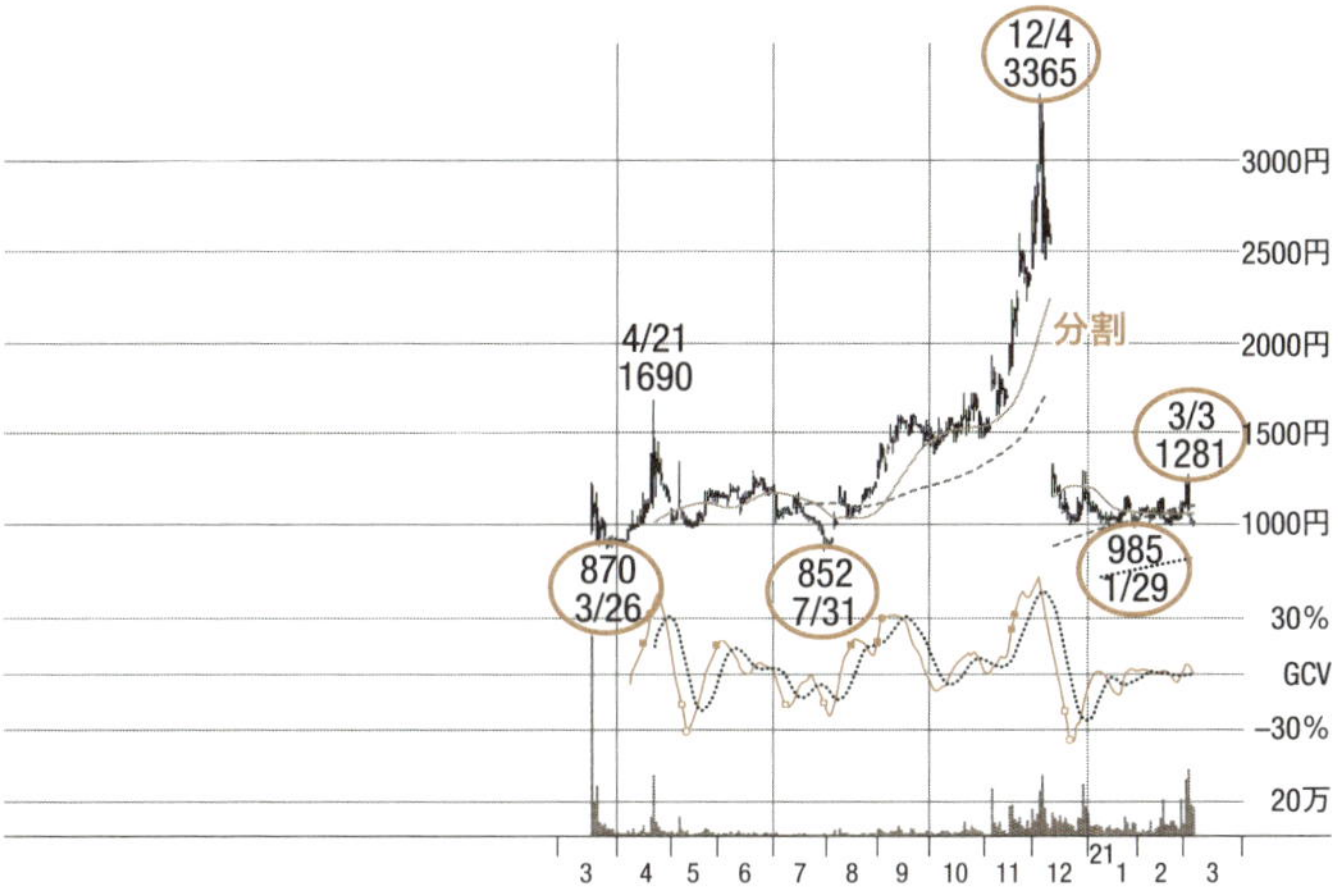

エージェント、ＪＡＸＡ、三井不動産、三菱地所といった企業の名前が挙がっています。

上場当初、初値が公開価格を下回る１２２１円を記録。**その後も下落し、まったく上がらないのを見た私は、「ＩＰＯブームもあるから、この株も上がるのではないか」と会員の方に伝えた記憶があります。**実際、株式の分割を発表したことも歓迎されたのか、12月４日には３３６５円まで上昇しました。

ただ、ここまで一気に上がると、初級者は買いづらくなるのではないでしょうか。その後は、下落していますが、分割後の需給をどう見るか？判断の難しいところです。

バリュー
デジタル

ニューラルポケット

マザーズ
4056
株価
5,560円
※株価は2021年3月現在

スマートシティ分野に期待

スマートシティ、サイネージ広告、ファッショントレンド解析を3つの柱として事業展開するテクノロジー企業。画像解析技術をベースに、端末内でのAI処理、物体・人物認識などを駆使して、さまざまなソリューションを提供しているようです。

創業は2018年。マッキンゼーにおいて、パートナーまで上り詰めた重松路威氏が代表を務め、顧問にはAIに関する著作も多数手がける東京大学教授の松尾豊氏が就任しています。株式については、重松氏個人が40％程度、オフィス重松が30％弱と、合わせて4分の3程度を占めている状況です。

やはり注目に値するのは、今後発展が見込まれるスマートシティ分野ではないでしょうか。2021年2月には、国土交通省が手がける「PLATEAU」という3D都市モ

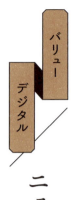

デルプロジェクトに参画するというリリースも出されています。ニューラルポケットが有する画像解析技術を使い、愛知県安城市を対象に「街空間の人流・交通量可視化ソリューションを提供」するとのことですが、ざっくりと言えば、実在の都市を3Dモデル化することで、さまざまな課題に対してソリューションを見つけようというプロジェクトのようです。

2020年8月に上場したあと、8月24日に5100円をつけ、8月27日には1万850円まで上昇。その反動もあって、11月19日に3385円まで下落しますが、2021年1月5日に7330円まで戻しています。

バリュー
デジタル

マクアケ

マザーズ
4479
株価
6,930円
※株価は2021年3月現在

クラファン牽引企業、サイバーが55％以上株式保有

近年は、ユーザーが受け取るリターンの種類も、商品やサービスだけでなく、投資型を含む多様なパターンが登場するなど、活況を呈しているクラウドファンディング業界を牽引してきた会社。

プロダクト、ファッション、フード、レストラン・バー、テクノロジー、コスメ・ビューティー、アート・写真、ゲーム、スポーツ……。サイト掲載のカテゴリーを見るだけでも、ありとあらゆるジャンルのプロジェクトが進行していることがわかります。

注目すべきは、サイバーエージェントが55％以上の株式を保有している点でしょうか。2013年5月設立時の社名が「サイバーエージェント・クラウドファンディング」ということからも、その関係の深さが窺えます。ちなみに、代表取締役社長を務める中山亮

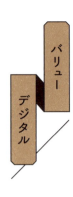

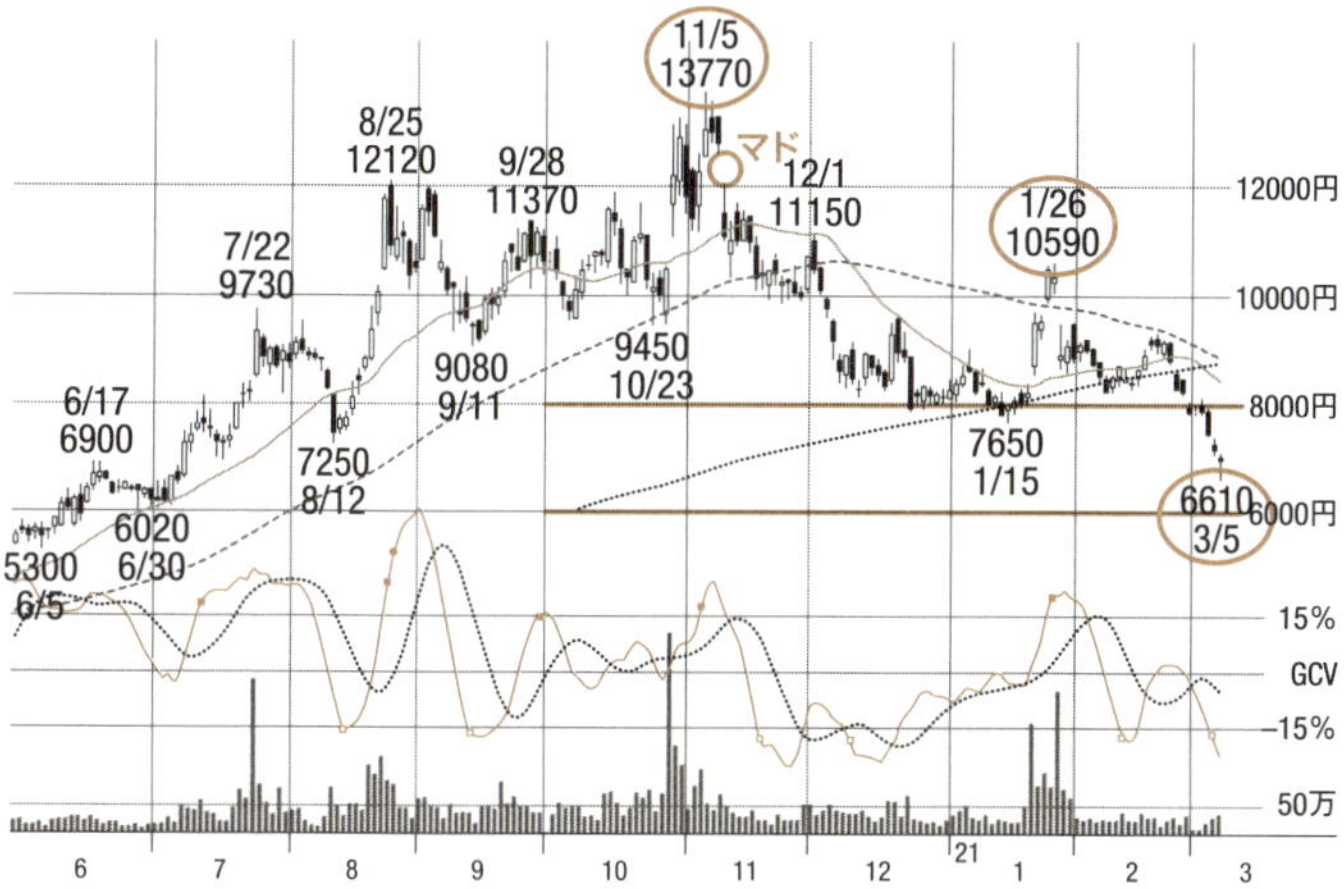

太郎氏は２・５%程度を保有しています。

設立後すぐの８月には「Makuake」の提供を開始。その後は、自治体や金融機関との連携を強化しながら、「Makuakeアナリティクス」「Makuakeストア」「Makuakeガバメント」「Makuake Creators Network」といったサービスをリリース。２０１９年12月に東証マザーズに上場を果たしています。

株価は、２０１９年12月24日に５４１０円をつけた後、２０２０年３月23日に２８１２円と一度下落しますが、その後は右肩上がりとなり、11月５日には１万３７７０円。12月22日には７８７０円まで下落、２０２１年１月に一度１万円を超えましたが、その後下落トレンドへ。底値模索が続くでしょうか。

バリュー
デジタル

ベース

東証一部
4481
株価
5,890円
※株価は2021年3月現在

中国とのパイプが強固なデジタルソリューション企業

システム開発、保守運営といったSIサービス事業の他、ERPソリューション事業、ICTソリューション事業などを展開している企業。私たちの暮らしに身近なものでいえば、オンライン本人確認サービス等も提供しています。

また、社長挨拶に「日本と中国のSEの融合によるシナジー」とあるように、**中国と日本との技術を融合させた「日中ソリューション事業」というものも手がけています。**

実際に、現地とのパイプは太いようで、2002年に合弁会社「上海金橋貝信軟件有限公司」を設立して以降、2006年に「無錫山秀軟件開発有限公司」、2008年に合弁会社「貝斯（無錫）信息系統有限公司」を設立、さらに、2009年には、当時の富士通システムソリューションズが出資していた「富士通計算機系統（上海）有限公司」を完

全子会社化したりと、かなりのリソースをつぎ込んでいる様子が窺えます。ちなみに、富士通は、株式の9％弱を保有しています。

2019年に東証二部に上場し、翌年には東証一部に市場を変更。

2020年6月4日に1万5350円の高値をつけて、その後分割。執筆現在、需給悪化で安値圏で動いています。

グロース
デジタル

シンバイオ製薬

ジャスダック
4582
株価
1,210円
※株価は2021年3月現在

新薬開発への期待と連動

今年の投資テーマの1つ「バイオ」関連の銘柄。2005年に設立した後すぐに、ドイツのアステラスファーマと、抗がん剤の開発・販売に関するライセンス契約を締結するなど、創業以来、がんをはじめとする、治療方法が確立されていない疾患に焦点を当て、新薬開発に取り組んでいるようです。

ただし、業績という点では、営業利益、経常利益ともに、数年にわたって赤字が続いている状態です。バイオ産業は、成果が出るまでに数十年かかることもありますから、恒常的に黒字を維持することは簡単ではないでしょう。

しかし、他の項でも述べているように、**新薬が開発されれば、薬を待つ患者および家族**

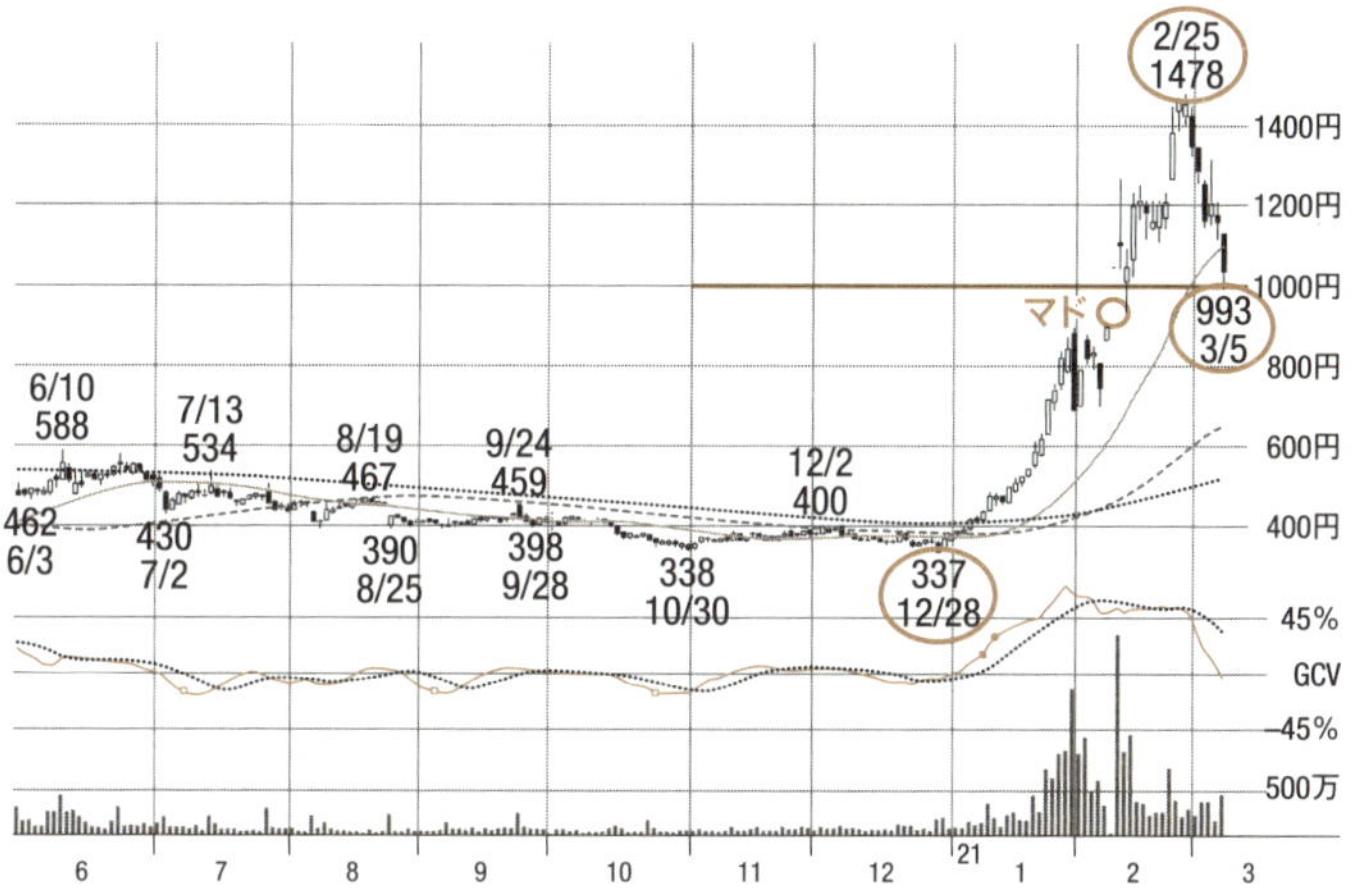

の方々に希望を提供するとともに、株価にも相当なインパクトをもたらすことになります。実際、コロナ禍を受け、多くの製薬メーカー、バイオ関連企業の株は、創薬への期待感から上昇に転じています。

シンバイオ製薬においても、「開発中の薬の有効性が示された」「研究機関との提携開始」といったニュースの影響を受け、要所要所で株価が上昇していることから、新薬開発への期待の高さが窺えるのではないでしょうか。

グロース
デジタル

ホープ

マザーズ
6195
株価
2,131円
※株価は2021年3月現在

もみ合った後どう動くか

創業は2005年。事業内容に「自治体に特化したサービス」とあるように、自治体の広告事業をサポートするサービスを展開する会社。自治体の財源確保を目的に、広報誌作成から経費削減まで、さまざまな支援を行なっているようです。

また、自治体の広告枠を民間企業に紹介するといった、自治体と民間企業の連携をサポートし、両者がウィンウィンとなるような活動も展開。自治体は広告収入が得られ、企業としては自治体への営業のきっかけとなるなど、双方にメリットを提供できているようです。ホームページによると、これまで約75億円の財源確保を実現したとあります。

私が注目しているのは、冒頭で述べた「経費削減」をサポートする事業を行なっている点です。2018年に開始した「GENEWAT」というサービスでは、自治体に対して、

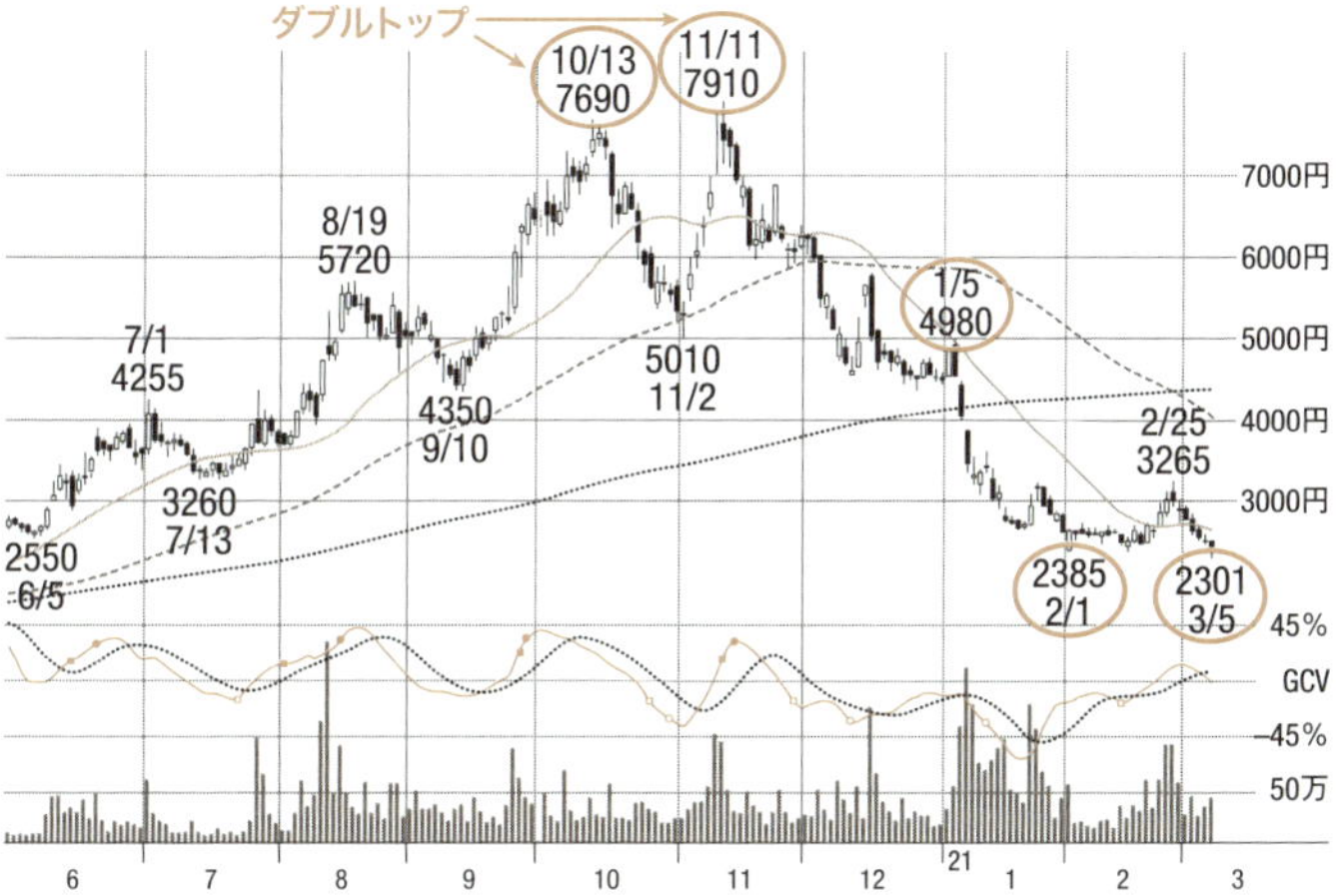

電力という観点から経費削減案を提案。エネルギー関連は、今年の投資のテーマですから、注目しておいて損はないでしょう。

株価は、２０２０年は右肩上がり、２０２１年は右肩下がりの傾向にあります。具体的には、２０１９年11月27日に１９００円をつけたあと、12月30日に３５８５円まで上昇。２０２０年３月13日に１２７０円まで下落した後は、順調に上昇を続け、11月11日に７９１０円の新高値をつけてダブルトップを形成し天井。そこからは下落に転じ、２０２１年に入ってからは２０００円近辺でもみ合っている状況です。

バリュー
デジタル

アイモバイル

東証一部
6535
株価
1,520円
※株価は2021年3月現在

モバイルアドネットワークから「ふるなび」運営企業へ

世間一般には、ふるさと納税サイト「ふるなび」の運営会社として認識されているかもしれませんが、2007年創業当初は、モバイルアドネットワーク「i-mobile」というサービスからスタートしています。

その後、「ふるなび」サイトが2014年にオープンし、ブランドイメージ調査（日本マーケティングリサーチ機構調べ）では、「利用者満足度」「利用者メリット」「注目のふるさと納税サイト」の3点について、2年連続ナンバーワンとなっているそうです。現在、第65代横綱の貴乃花光司氏を起用したCMも頻繁に流れています。

その後は、「ふるさと納税で旅行にいこう」をキャッチフレーズとした「ふるなびトラベル」という関連事業も2017年に開始。**旅行産業は一時的に厳しい状況にありますが、**

コロナ収束後に盛り返す可能性は十分にありそうです。

東証マザーズに上場したのは、2016年で、2018年には東証一部に市場を変更。代表取締役会長の田中俊彦氏、代表取締役社長の野口哲也氏が、それぞれ株式の約38%ずつを保有しているため、2人合わせると76%程度、全体の4分3を占める大株主となっています。

株価は、2019年12月17日に623円をつけて以降、2020年2月13日に828円、3月13日に441円と上下したあとは右肩上がりを続け、9月に入ってからは急上昇し、10月22日に1829円の高値をつけて天井。その後1200〜1400円のゾーンでもみ合う展開が続いています。

バリュー
内需・消費

バルミューダ

マザーズ
6612
株価
6,840円
※株価は2021年3月現在

家電好きなら知っているものづくり企業

おしゃれで洗練されたデザイン、かつ機能性も有している――。**これまでの家電とは一線を画すものづくり企業として人気を博しているバルミューダ。**

創業社長の寺尾玄氏は異色の経歴の持ち主で、もともとは大手レーベールとの契約を経験したほどのアーティストだったようですが、契約破棄を含め紆余曲折あり、2001年にはバンドを解散。そこから独学で家電の設計、製造技術を習得したということです。

設立は2003年。2012年には韓国、翌年にはドイツでの販売を開始。その後も中国、台湾、アメリカと販路を拡大し、2020年12月16日にマザーズに上場を果たしました。2020年12月期の売上高は125億円程度。100名超の人員で活動しているようです。

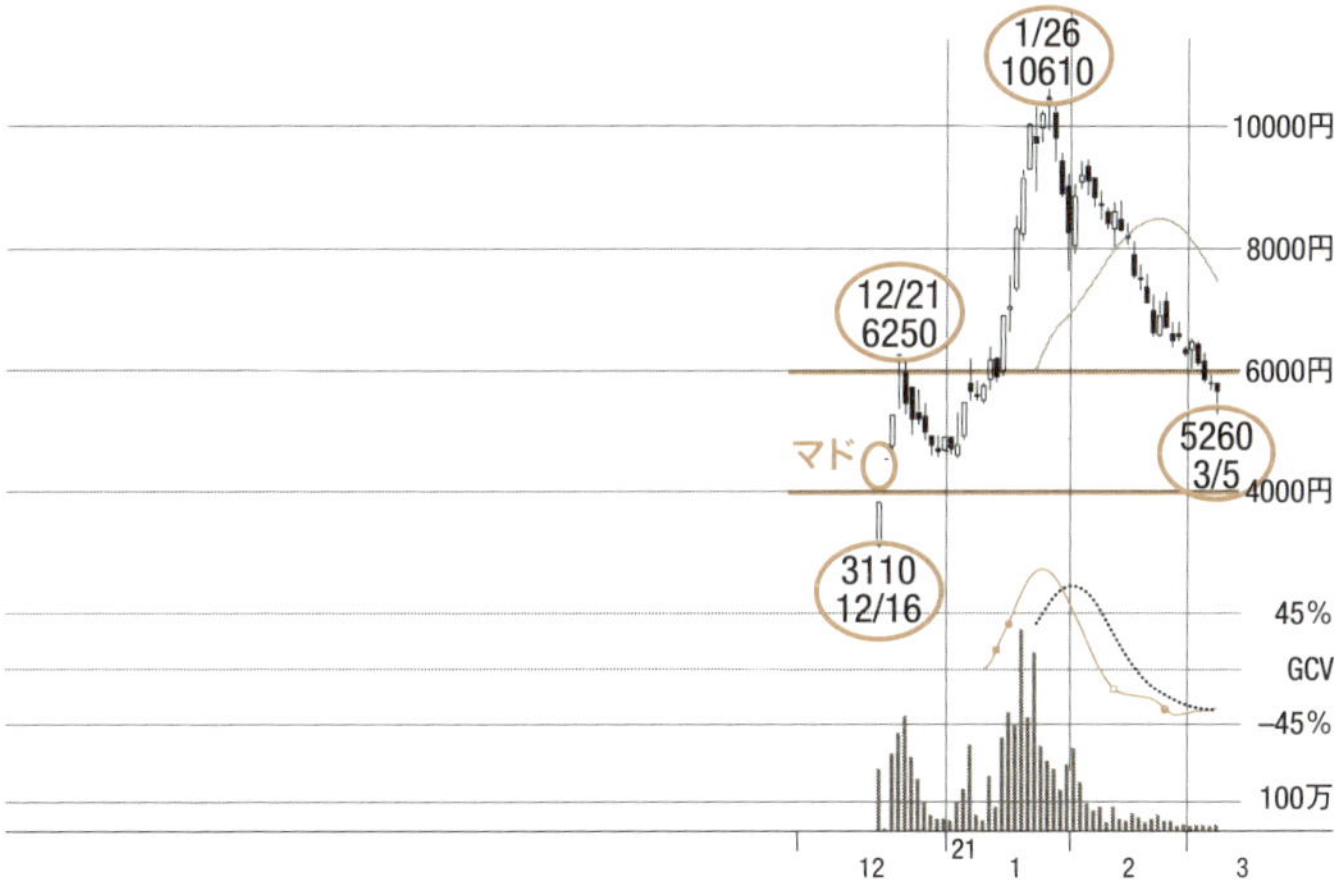

トースター、電気ケトル、炊飯器、扇風機、ワイヤレススピーカー、ＬＥＤランタン……。「世界一の製品を作りたい」「家電という道具を通して、心躍るような、素晴らしい体験を皆様にお届けしたい」という思いから生まれた製品の数々は、多くのユーザーに受け入れられるとともに、グッドデザイン賞、キッズデザイン賞、ドイツのRed Dotデザイン・アワード、iFデザイン・アワードといった賞にも選出されています。

株価は２０２０年12月16日に３１１０円、12月21日に６２５０円をつけた後下落。２０２１年1月４日は４９００円からのスタートなりましたが、１月26日には１万６１０円の高値を記録しました。その後、大幅に下落して３月５日に５２６０円の安値をつけています。

グロース

内需・消費

デジタルホールディングス

東証一部

2389

株価

2,062円

※株価は2021年3月現在

●業績好調のデジタル銘柄

東証一部というだけで、少し安心というところはありますが、今、上がり始めている銘柄になります。社名に「デジタル」とあるように、今年のテーマにもぴったりの会社です。

1994年、ダイレクトマーケティングを手がける会社として設立。1995年には社名をオプトに変え、2000年にインターネット広告の効果測定システムをローンチ。2004年にはジャスダックに上場を果たしています。

2013年には東証一部に市場を移し、昨年2020年に現在の社名に変更。デジタルシフトのエンジンとなることを謳っていることから、**第二の創業期を迎えている会社と言えるでしょう。**余談ですが、本書で紹介しているコマースOneホールディングスの岡本社長は、オプトの出身です。

株価は、２０２０年3月13日に１０５０円、8月20日に１１２８円というダブルボトムを形成。二番底を入れてからは上昇し、２０２１年2月12日に２２５２円という当面の高値をつけた後に、押し目となっています。そのため、このまま下落するのか、再度上昇するのかを見極める必要があります。

ただ、２０２０年12月期決算で売上は減少したものの、営業利益、経常利益、当期純利益は大幅に伸長していますが、大半は所有株の売却によるものです。ですから、今後ＤＸ関連の事業などが伸びていくかどうかが、株価の行方を左右すると言えるでしょう。

バリュー
内需・消費

サントリー食品インターナショナル

東証一部
2587
株価
4,225円
※株価は2021年3月現在

大化けはせずとも堅実なバリュー株

親会社であるサントリーホールディングスは誰もが知っている会社ですが、サントリー食品インターナショナルはご存じない方もいるのではないでしょうか。非上場であることでも有名なサントリーホールディングスに対し、上場を果たしたのが、サントリー食品インターナショナルになります。

主にソフトドリンクを扱う会社として2009年に設立され、2013年に上場。70以上の国・地域に対して年間210億本も販売しているようです。

サントリー天然水、BOSS、伊右衛門など、誰もが知っている商品を展開しています。

2020年の株価に関しては、2月6日の4785円の高値を超えることはなく、3000円台後半と4000円台前半をうろうろしている状態が続きました。3月13日

の安値3520円で底入れして上昇しましたが、その後反落。2021年3月5日に3960円まで戻しています。

もちろん、本書で紹介している新興企業に比べれば、大化けする可能性は少ない銘柄になります。**ただ、サントリーグループということに加え、売上、利益も堅調に推移しているため、手堅い銘柄の1つとして、初級者、中級者の方にとっては、選択肢の1つとなるのではないでしょうか。**

また、前述のデジタルホールディングスはすでに株価が上昇し始めていますが、こちらはまだ安値圏にありますから、現状は成長株の中でもバリュー株の状態にあると言えます。

グロース
内需・消費

アダストリア

東証一部
2685
株価
2,093円
※株価は2021年3月現在

コロナで打撃受けるも、ECが下支え

グローバルワーク、ニコアンド、ローリーズファームをはじめとする多数のカジュアル衣料ブランドを展開する企業。1953年、水戸市にて福田屋洋服店としてスタートし、2003年の台湾出店を契機に、2008年に香港、2014年に韓国、2019年には上海と、海外展開にも力を入れているようです。

アダストリアの商品のデザイン性はもちろん、日本の会社への信頼感、ブランド力がアジア圏で評価されているのではないでしょうか。

しかし、今回のコロナ禍を受け、店舗を構える企業はほぼ例外なく、打撃を受けることになりました。アダストリアも昨年は韓国からの撤退、店舗の休業、退店といったことが重なり、業績の下方修正を余儀なくされました。

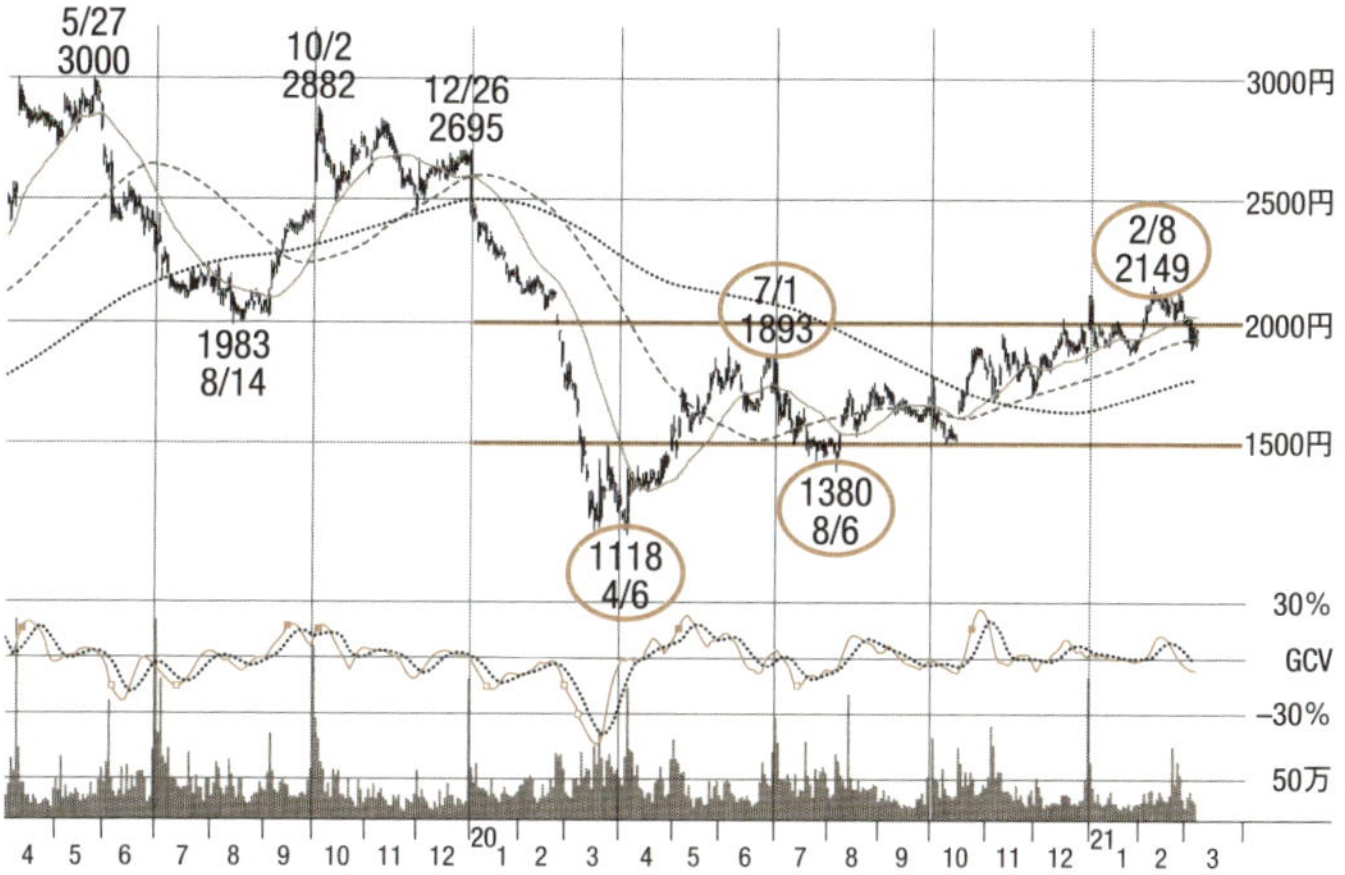

ただ、**2007年から始めたEC事業は好調を維持し、経営を下支えしている**ことを考えると、コロナの影響というよりも、コロナ以前から厳しかった分野がより厳しくなり、ECへのシフトが加速したというのが実際のところかもしれません。

株価は、2020年4月6日に1118円、8月6日に1380円をつけ、ダブルボトムを形成した後、じわじわ上昇。2021年2月8日に2149円という戻り高値をつけ、現状は頭打ちとなっています。ただ、業績が回復傾向にあることが株価にまだ反映されていない可能性が高く、2月8日の高値を抜く可能性は十分ありそうです。

グロース
デジタル

GMOペパボ

東証一部
3633
株価
7,970円
※株価は2021年3月現在

GMOグループの中でも長期的に力強い銘柄

ユニークかつ発音しづらい社名の由来について、以前、何かの記事で読んだことがあります。創業者が若い頃に新聞配達の仕事していたことから、最初の社名はpaperboy & co.に、その後ペーパーボーイを縮めてペパボにしたとのこと。2001年に前身となる会社を興し、レンタルサーバーサービスを開始。2003年に有限会社paperboy & co.を設立し、2008年にジャスダック証券取引所に上場。2014年には現在の社名となっています。

その後、2019年に東証二部、2020年12月には東証一部に市場を変更。売上高、営業利益、経常利益、当期純利益のすべてにおいて現在に至るまで右肩上がりと、業績も好調のようです。

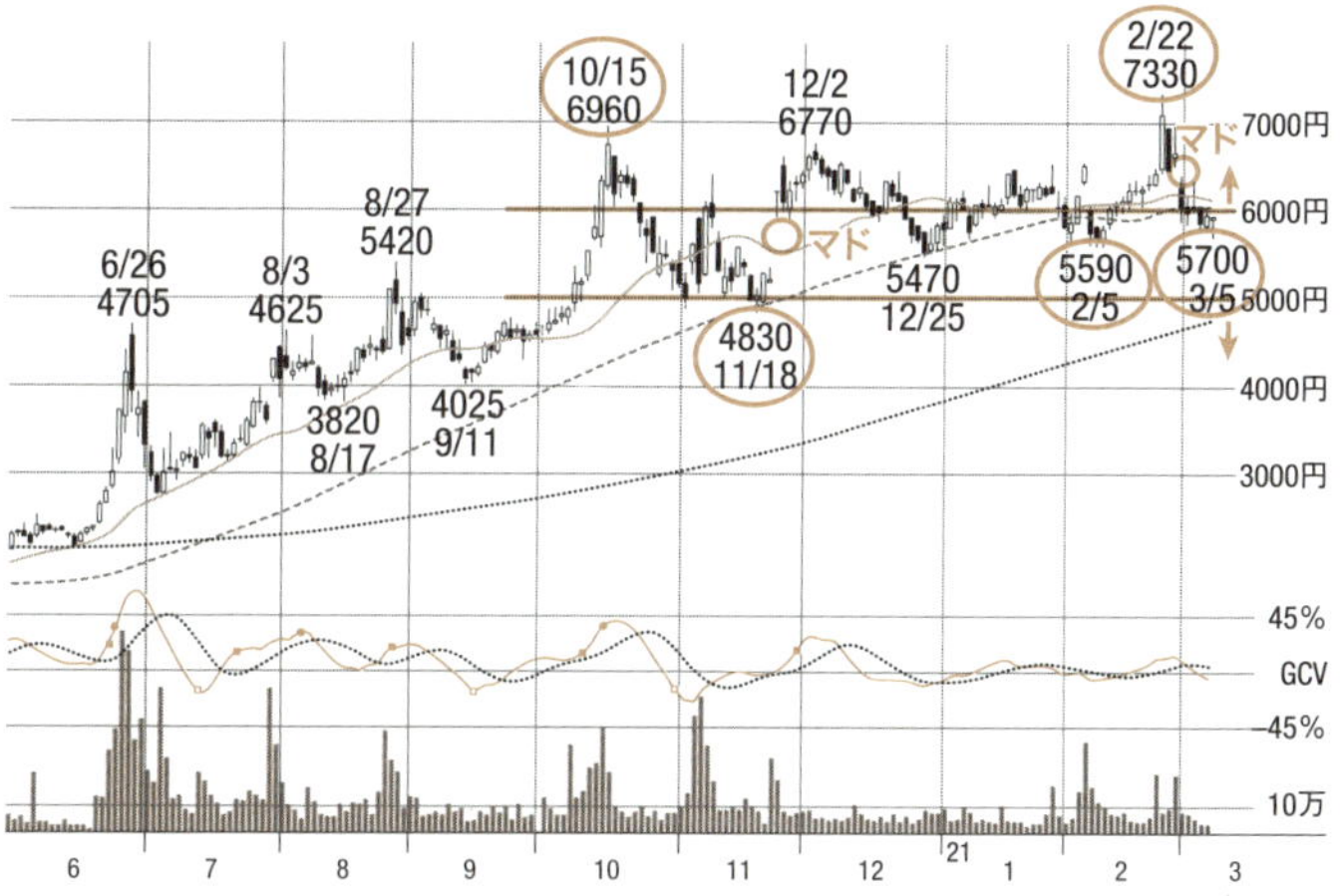

株価は、コロナショック時の２０２０年３月13日１１４０円という安値をつけてからは、一本調子で上昇を続け、10月15日には、６倍以上の６９６０円という高値を記録。その後は、11月18日に４８３０円という安値、いわゆる押し目という休憩状態に入ったあと、２０２１年２月22日に７３３０円という高値をつけて、今現在は６０００円前後でもみ合っています。

ＧＭＯグループの株価は全体的に上昇しているものが多い印象ですが、その中でもペパボは長期的に強い動きをしているため、グロース株に分類しています。伸びているＥＣ支援の他、サーバーのレンタルといったホスティング事業も、デジタル時代に必須のものになりますので、今後も期待できるのではないでしょうか。

グロース
内需・消費

武田薬品工業

東証一部
4502
株価
4,204円
※株価は2021年3月現在

ワクチン生産を追い風に4000円の壁を突破

サントリーと同じく、誰もが知っている会社である武田薬品工業。メガバンク、大企業の株はなぜ大きく値上がりすることがないかといえば、すでに多くの方が「いい会社」ということを知っているからです。そして、そうした認識が株価に織り込まれているため、2倍、3倍となるのは容易ではありません。

しかし、コロナ禍の影響もあって、武田薬品工業の株価は、安値圏からじわじわと上がってきています。自社の工場でアメリカ企業のワクチンを生産する予定という報道も追い風となったのでしょう。

ここ数年の高値には、2019年3月4日の4822円、2020年2月7日の4526円などがあり、2021年3月には再び、壁となっていた4000円を超えま

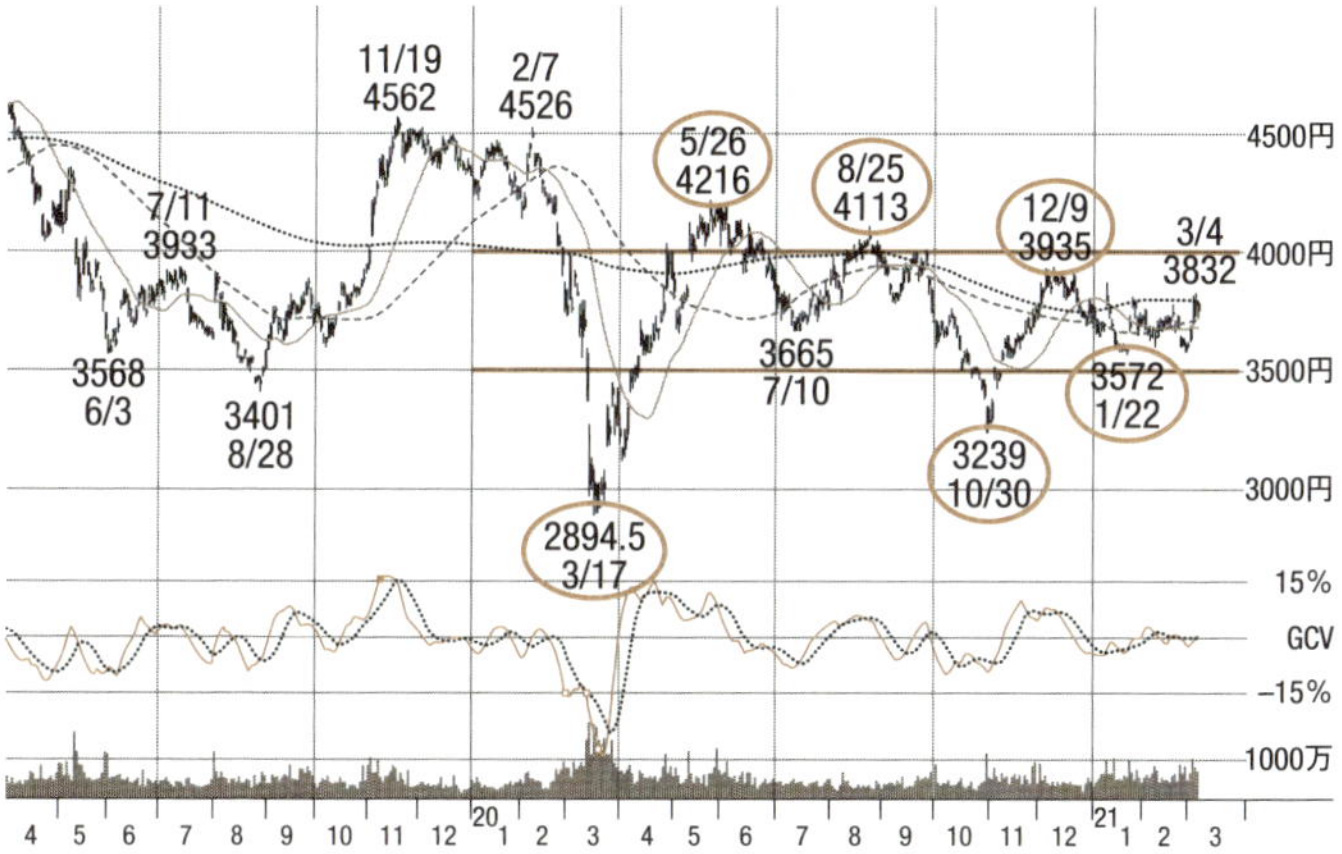

した。

チャートを見てみると、コロナショックの安値である2894・5円をつけたあと、2019年、2020年の高値を超えられない状況が続いていました。中級以上の方々はチャレンジしてみる価値があるかもしれません。

2021年3月決算においては、売上は横ばいかやや減収になりそうですが、営業利益に関しては大幅な増益予想となっています。本書発売のころにどうなっているか。当面4000～4500円のゾーンでのもみ合いが予想されますが、4500円の壁を突破できるか？ に注目です。みなさんのほうでも、業績およびチャートをしっかりとウォッチしていただければと思います。

上級編

ADVANCED

LESSON 3

勝負するなら知っておきたいチャレンジ銘柄28

上級編では、主にIPO銘柄の中から、チャレンジ銘柄を紹介します。買いかどうかをチャートの動きだけで検討していたりと、初心者には手を出しにくい銘柄が多いですが、今後の動向がどうなるか、推測の視点を磨くレッスンにはうってつけです。

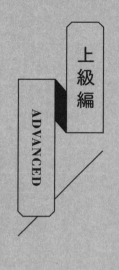

グロース
デジタル

デジタルアーツ

東証一部
2326
株価
9,680円
※株価は2021年3月現在

インターネットのセキュリティに関するソフトの開発、販売を手がける会社。「より便利な、より快適な、より安全なインターネットライフに貢献していく」を企業理念に掲げ、野村證券、JR東日本、読売新聞、カシオ計算機といった企業だけでなく、官公庁や学校にもソリューションを提供しているようです。

● 相場の波動を参考に目標値を推測

株価は、2020年3月23日に3625円をつけてから上昇を続け、7月27日には9870円。10月27日に7000円まで下落しますが、年末の12月28日には9760円まで戻し、2月22日には1万990円をつけました。

年末の段階で、私がチャートを見て注目したのは、12月28日につけた9760円が、7月27日の高値を抜きそうになっている点でした。**相場の波動では、前の高値を抜く場合、**

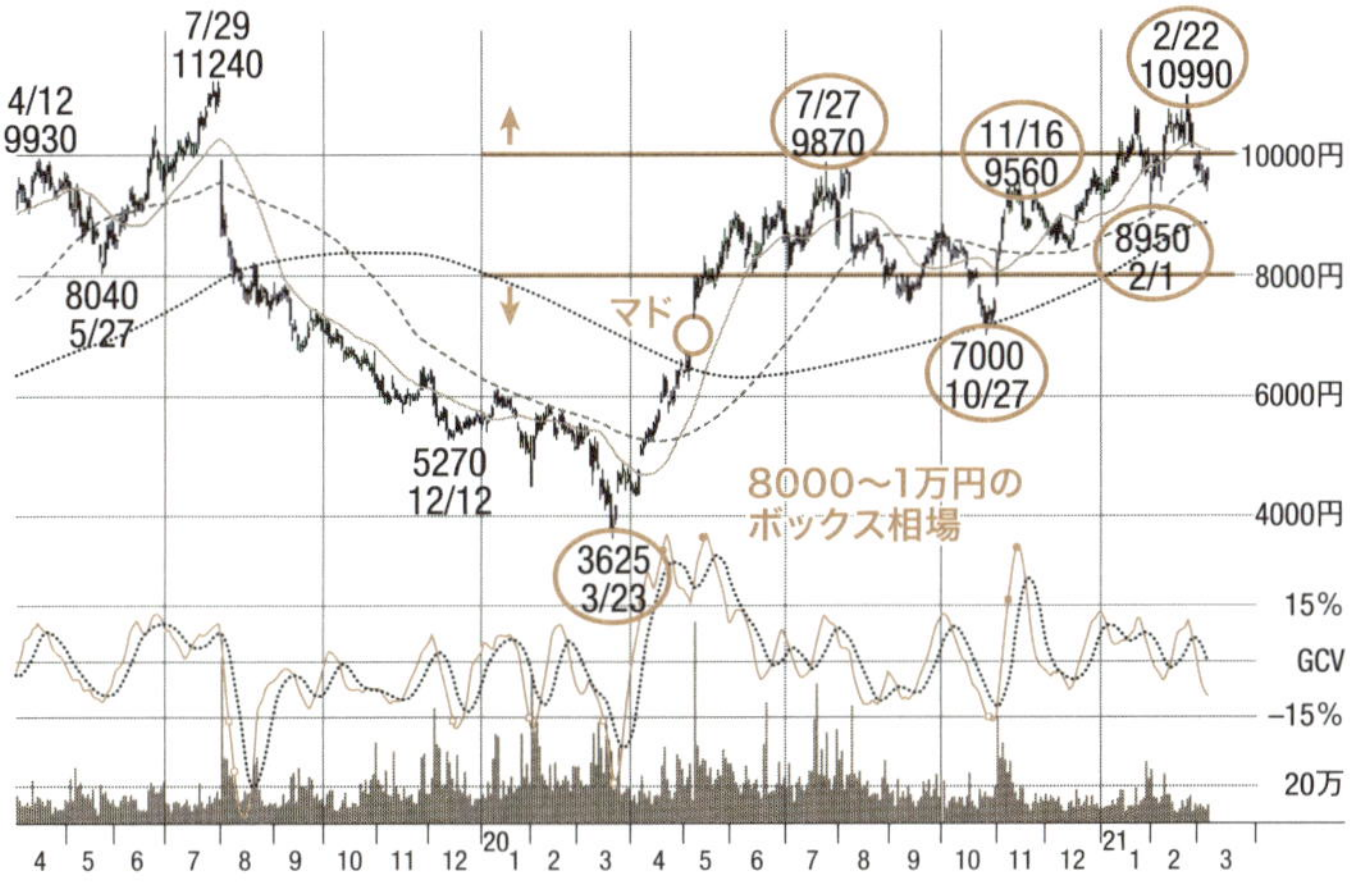

その上げ幅は前の上げ幅よりも大きくなる可能性があると考えられているからです。

では、9870円を突破したあとは、どうなるでしょうか？　参考になるのが、前の上げ幅である6245円（9870円−3625円）です。それを、10月27日の7000円に足すと、1万3245円となり、これが次の目標になります。

実際、2021年2月22日には1万990円をつけ、目標である1万3245円も射程圏内となってきました。

もちろん、必ず計算どおりになるというわけではなく、相場の波動から導かれた経験則に過ぎませんから、天井がいつつくるかについては、常に注視しておく必要はあるでしょう。

グロース
デジタル

エムスリー

東証一部
2413
株価
7,523円
※株価は2021年3月現在

2020年の横綱銘柄、今後の動向はいかに

ホームページには、2000年以降に創業された会社で唯一「日経225銘柄」に選ばれているといったメッセージが掲げられていますが、一般的にはそこまで知られていない会社だと思います。それでも、時価総額は一時7兆1300億円を超え、2020年の株式市場においては、間違いなく、正横綱と言える銘柄だったと断言できます。株主リストには、34%を保有するソニーの他、NTTドコモ、マッキンゼーから独立し、エムスリーを立ち上げた代表取締役の谷村格氏(約3%)が名前を連ねています。

創業は2000年の9月。10月には、製薬会社のMRが担っているような役割、すなわち医薬品情報などを医師に提供するためのツールである「MR君」をローンチし、その後は、医療関係者向け市場調査サービス「リサーチ君」や、医療従事者のQOL向上の

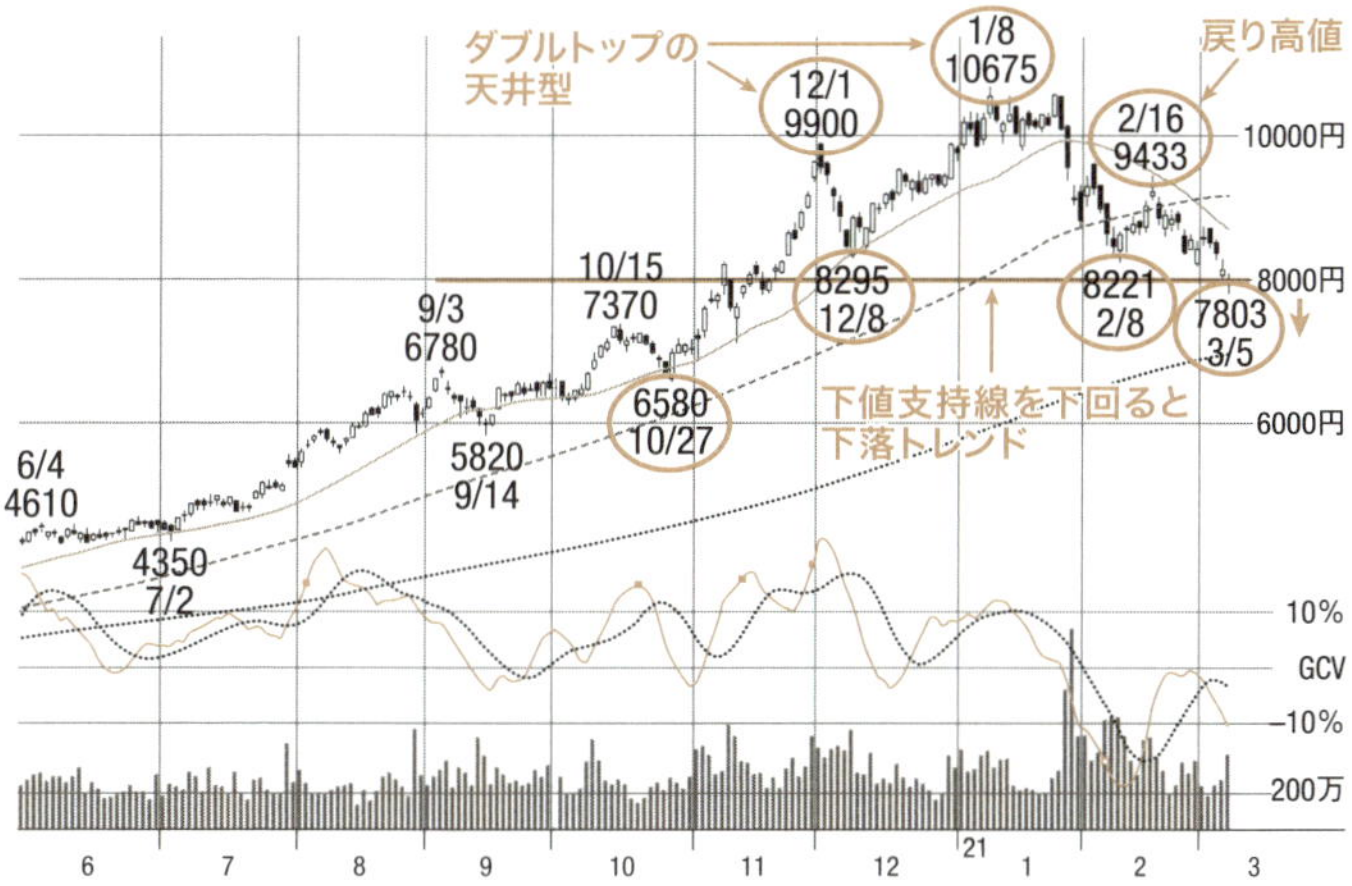

ための情報を提供する「ＱＯＬ君」といったサービスを開発しています。

２０１９年11月28日に２９６５円だった株価は、２０２０年１月14日には３４７５円に上昇。３月13日に２３１９円と下落しますが、年末に向けてさらに上昇を続け、最終日には９７４３円を記録。そして、年明けの２０２１年１月８日には１万６７５円まで上がるというように、株価はほとんど休みなく、右肩上がりとなりました。

もし、３月13日の２３１９円で買っていたら、約４・６倍になっているわけです。その後はチャート上で解説しているように、ダブルトップをつけて天井、その後の戻り高値をつけた後、下落トレンドとなっています。

グロース

内需・消費

出前館

ジャスダック

2484

株価

2,556円

※株価は2021年3月現在

巣ごもり需要の王道、売るか買い増すか

巣ごもり需要という追い風を受けたデリバリー業界の代表的企業。ダウンタウンの浜田雅功氏が出演するテレビCMやチラシを作成し、広告宣伝にも力を入れています。時価総額はすでに2800億円超。

株価は2019年11月29日131 9円をつけた後、2020年3月13日には524円まで下落。その後は6月25日に1777円、さらに12月18日には4200円と、上昇を続けました。「11月17日の2610円を下回らなければ、買い。もし、下回ったら損切り」というのが波動から見た判断ですが、3月5日時点では下値圏でボックス相場となっています。

実は、成長株の「損切り」は簡単ではありません。成長株は天井がわからないからです。

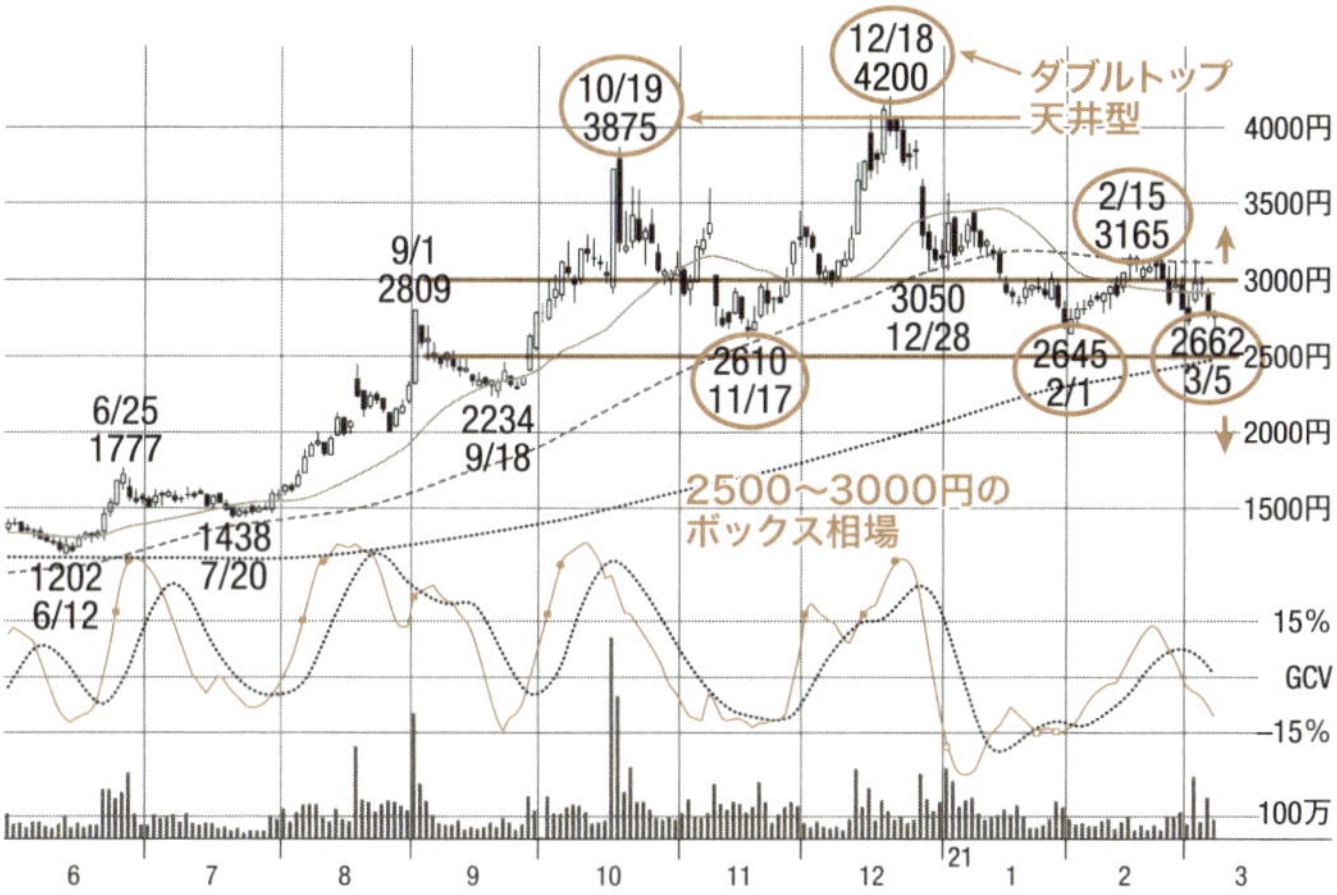

「もし、持ち続けたなら、10倍、20倍になるかもしれない」という思いと、「でも、急に下落したらどうしよう」という気持ちが交錯し、我慢できない人は早めに売ってしまうことでしょう。しかし、プロは、上がり始めたなら、売らないばかりか、買い増しします。

もちろん、「天井」のサインが出たなら、売ります。直前の安値を下回るか、下回らないかもサインの1つです。でも、下落率が低く、直前の安値を下回らないようなら「また上がる」と読んで買ったりします。

実際、私も「天井」まで我慢することなく売ってしまうこともありますが、下げが浅かったり、直前の高値を超えたりしたなら、再度購入することもよくあります。

グロース
バイオ

ファーマフーズ

東証一部
2929
株価
3,465円
※株価は2021年3月現在

8カ月半で5倍をマークしたバイオ銘柄

機能性食品事業を手がける会社として、1997年に設立。「ヘリコバクター・ピロリ鶏卵抗体『オボプロン』」「ギャバ含有素材『ファーマギャバ』」「カテキン素材『ファーマフーズおいしいカテキン』」といった機能性食品素材の開発を手がけたのち、2006年に拠点を京都に設立したバイオメディカル部門にも力を入れているようです。近年は、国立がん研究センターと共同で、悪性腫瘍治療抗体薬の開発にも着手。

代表的な商品としては、2020年に115億円以上を販売し、ヘアケア市場で日本一（TPCマーケティングリサーチ株式会社調べ）の売上となった「ニューモ育毛剤」が挙げられます。新製品や新素材の開発に影響されるのがバイオ関連株の特徴で、ファーマフーズも、育毛剤のヒット、インフルエンザに効果があるとされる素材の開発といったイベント

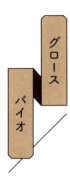

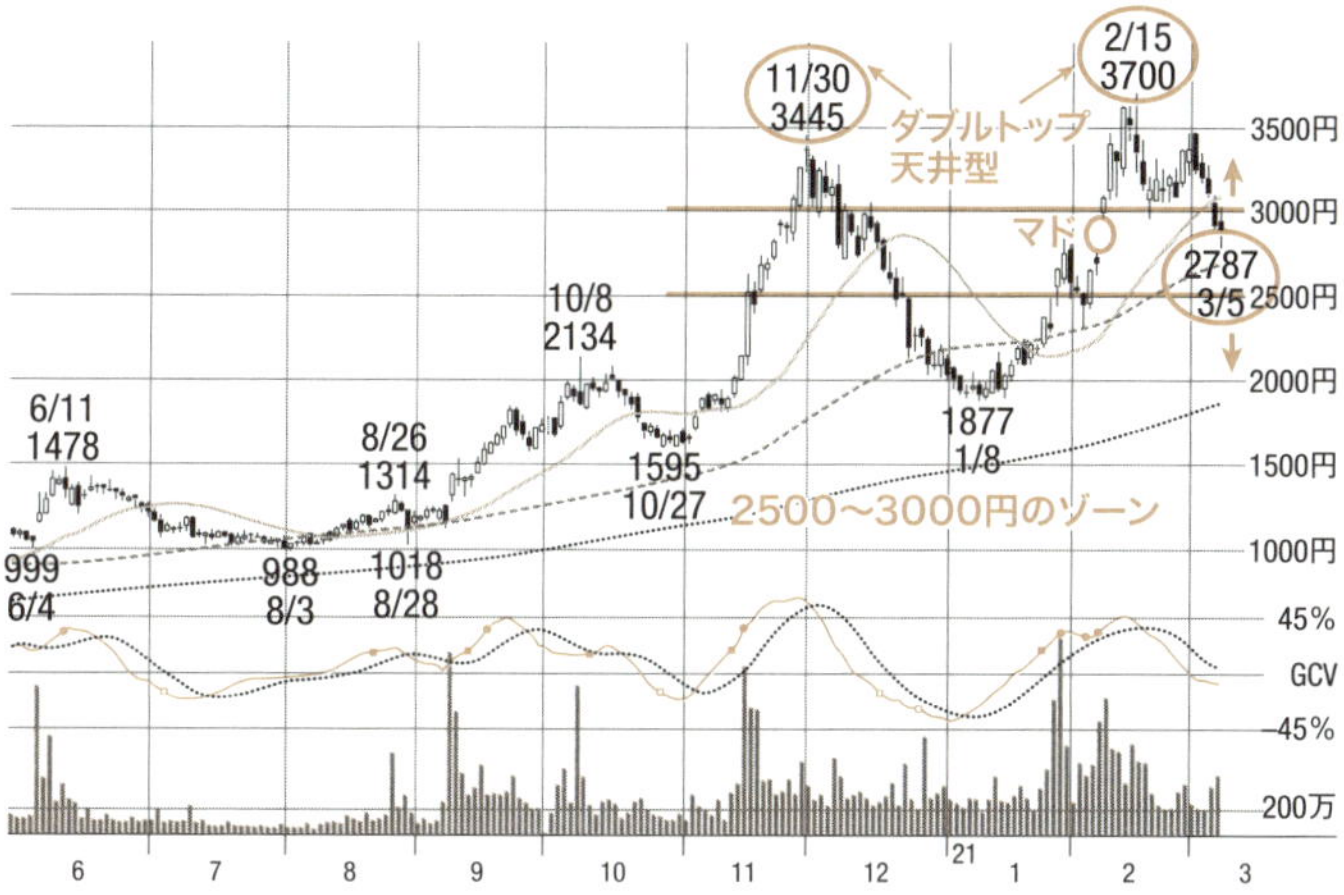

があると、株価も上昇しています。

ここ1年程度の株価は、2020年2月20日に1388円をつけたのち、3月13日には600円と半値以下に。上下を繰り返しながらも、11月30日には3445円まで上昇。2021年1月8日には1877円まで下落しますが、2月には一時、前の高値である3445円を超え、2月15日には3700円をつけました。

600円から3445円まで上がったと考えると、8カ月半程度で5倍以上。**ファーマフーズに限らず、半年～1年で5倍、10倍に上がる株は、しっかりと探せばゴロゴロしています。**

グロース
デジタル

SHIFT

東証一部
3697
株価
13,050円
※株価は2021年3月現在

●デジタル関連本命株？

簡単に言うと、ソフトウェアに不具合がないかをテストする会社です。

グリー、sansan、オプティム、マネーフォワード、ヤフー、三菱UFJモルガン・スタンレー証券といった企業が採用し、これまでの検証済み製品3000件以上、不具合検出数95万6000件以上という**圧倒的な実績を有していることからも、デジタル関連株の本命に近い銘柄と言ってよいでしょう。**

株価は、2020年3月17日に5610円をつけて以降は上昇を続け、10月9日には3倍以上の1万9070円を記録。

社長を務める丹下大氏の出身地である広島県の保育所に4億円寄付したり、サッカーチームのパートナーになったり、ロケットの命名権を取得したりといった本業以外の活動

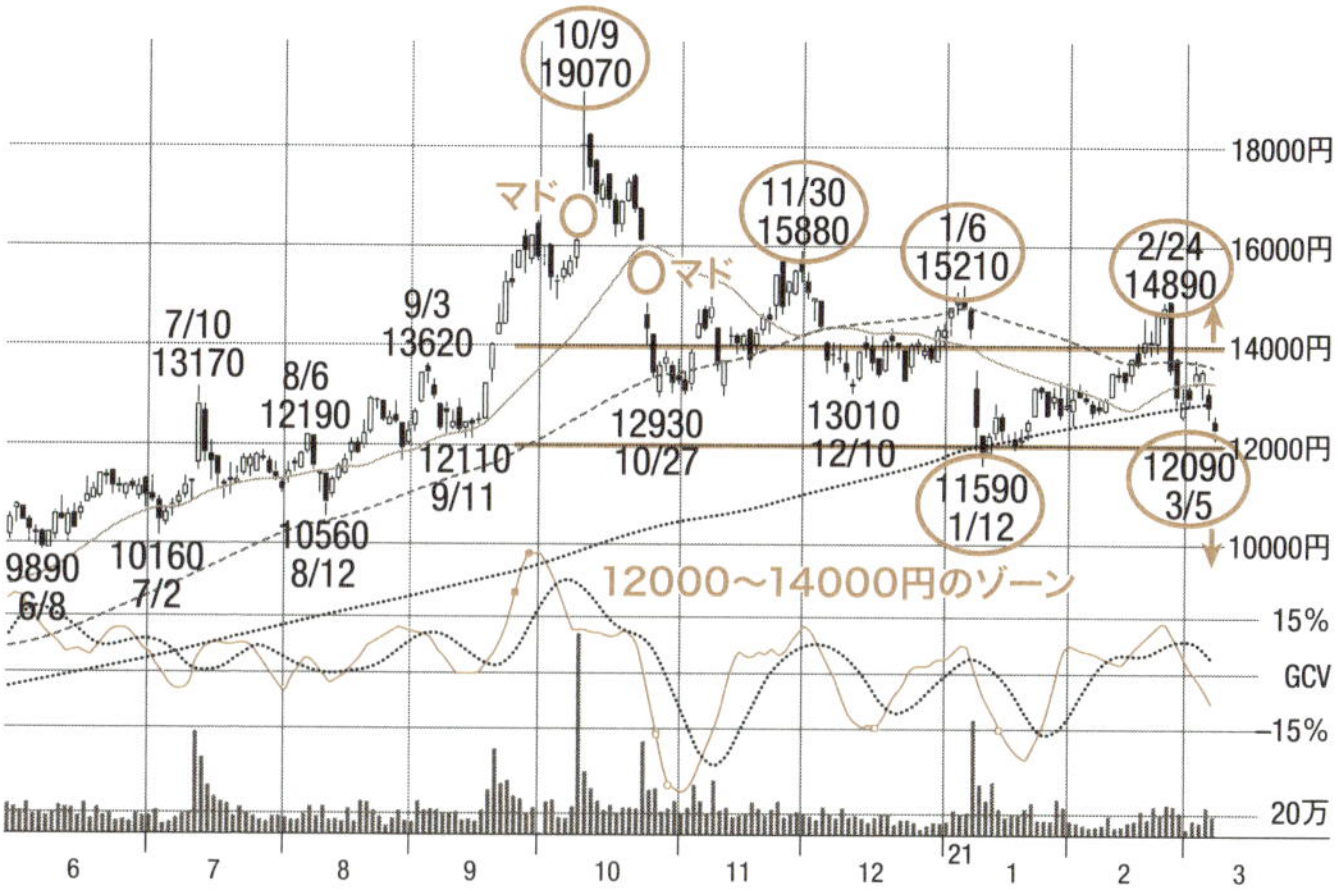

にも積極的です。ただ、本業以外のことに注力しすぎるのではという懸念が出て、株価にはマイナス材料となっている可能性もあります。

今年の投資テーマである「デジタル」にぴったりの事業を展開していますから、引き続き注目すべき銘柄の1つだと、私は考えています。

時価総額は2000億円超、先述の丹下氏が36％程度を保有しています。単純計算すると、700億円以上の資産を保有していることになり、上場というのは非常に夢があると改めて感じるところでもあります。

グロース
デジタル

Abalance

東証二部

3856

株価

4,870円

※株価は2021年3月現在

急落せずに上がっている株は狙い目

私のように毎日、株価の変動を見ていると、上昇率100~200位以内に入ってくる常連銘柄のリストが頭の中に出来上がってきます。何度も上がっている株には、それなりの理由があるわけですから、テーマとは関係なくても、「買い」の判断をするわけです。

そうした観点で選んだのが、Abalanceです。

もちろん、「もう上がらないのではないか」という心配はありますが、成長株は天井をつけるまで上がります。いつ天井がくるかわかりませんが、この株はまだ天井をつけていません。なぜなら、急落していないからです。**急落せずに上がっている間は「買い」なのです。**

普通は、45度くらいの角度で上昇し、天井を迎えます。しかし、成長株は、上昇第1波

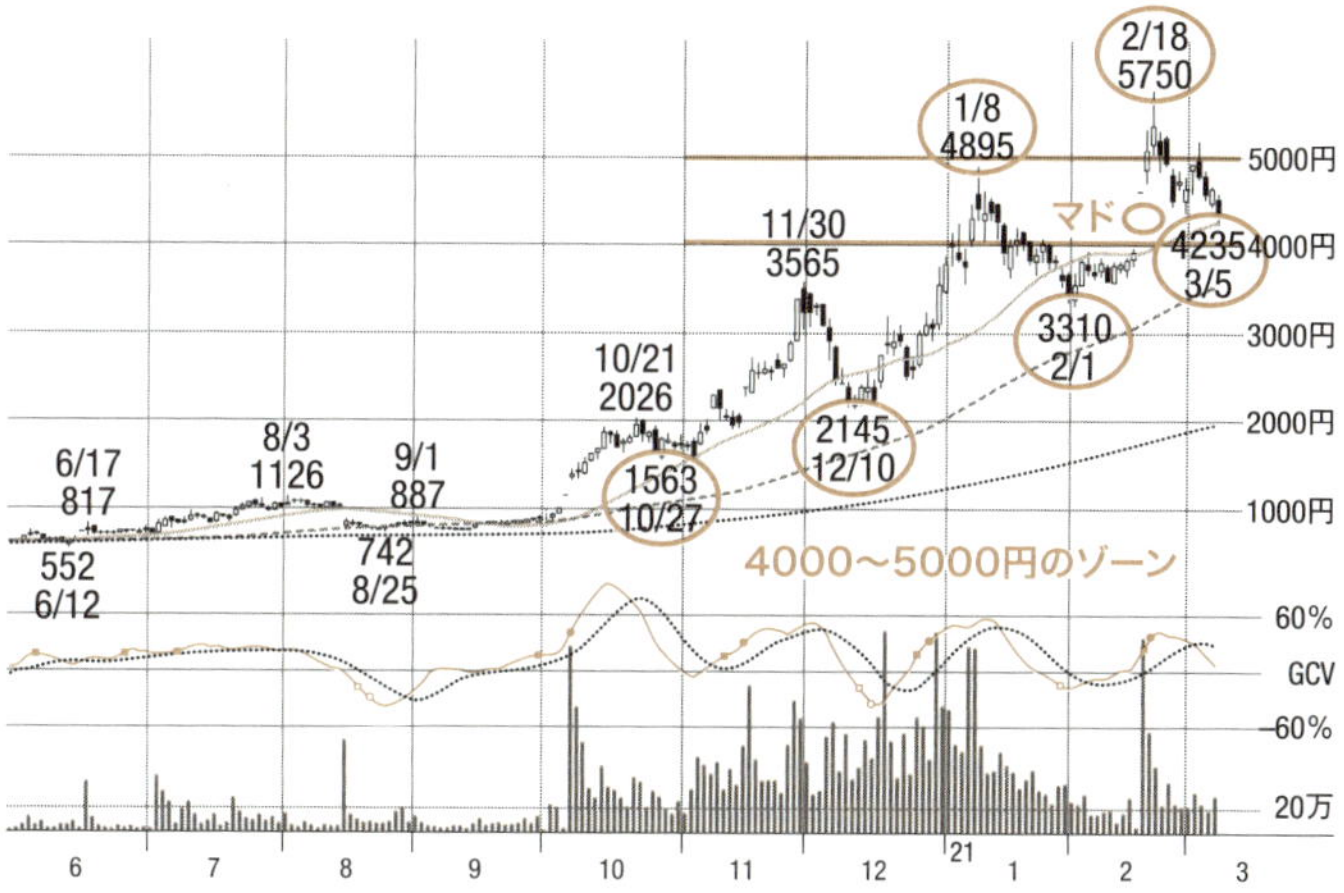

で終わることがほとんどありません。続く第2波は30度くらいで上昇。普通は天井をつけて終わりますが、さらに強い、たとえばこの後紹介するBASEのような株は、天井をつけてもあまり下がりません。そして、15度くらいの第3波が来て、天井が近づくという流れになります。

だからこそ、私は株が上がり始める角度を見ています。たとえば、Abalanceでいえば、1月8日は15度以上の角度になっていますから、どこで天井をつけてもおかしくありません。それでも、デイトレの人なら、今日買って、今日売れば儲けることができるというのが執筆現在の状況です。

グロース
デジタル

JIG-SAW

マザーズ
3914
株価
13,490円
※株価は2021年3月現在

高い技術力で上昇を続ける

「IoT・IoA時代の革新的なテクノロジーやサービスを裏側から支え続け、人類がいまだかつて体験したことのない未来社会を導き支えていきます」――。デジタル関連株の次の本命となる可能性を秘めていることが伝わってくるような、力強いメッセージがホームページには掲げられています。

事業内容にはIoT、ビッグデータ、クラウドといったデジタル関連ワードが盛りだくさんとなっていますが、さまざまなデバイス等を自動で監視、自動で検知、自動で制御する技術をベースとしたサービスを展開しているようです。また、ソフトウェア技術を使用し、失明した方の目に光を戻すプロジェクトや、建設業界の自動運転技術の開発といったチャレンジも行なっています。

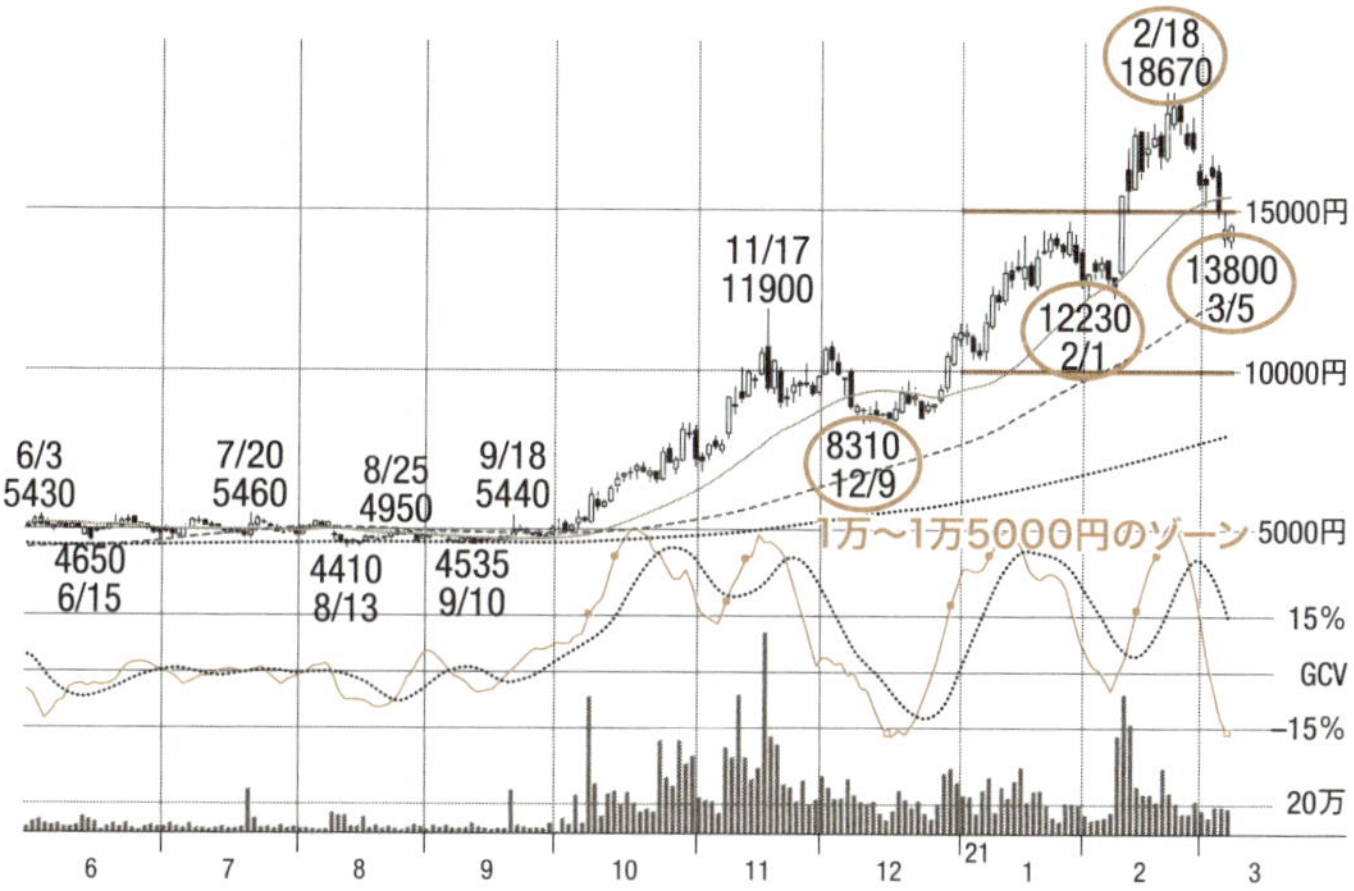

設立は２００１年。国内だけでなく、アメリカのサンフランシスコ、サンタモニカ、カナダのトロントにも拠点を有しています。リクルート出身で、代表取締役の山川真考氏が、株式の14％程度を保有。**ＳＢＩ証券や楽天証券も名を連ねています。**

先端企業の技術力というのは、私にはわかりませんが、アドバイスを求めている専門家によれば、ＪＩＧ－ＳＡＷや、医療データを扱うＪＭＤＣの技術力は非常に高いようです。

株価は２０２０年２月13日５２３０円、３月13日は反落の２５６５円。５月15日には５８３０円と２倍以上になり、２０２１年２月18日には１万８６７０円をつけました。

バリュー
デジタル

ヤプリ

マザーズ
4168

株価
4,335円
※株価は2021年3月現在

プログラミング不要のアプリ開発株の行方は

「自社アプリでデジタルトランスフォーメーション」をキャッチフレーズに、プログラミング不要のアプリ開発支援プラットフォーム「Yappli」を展開する企業。タレントの稲垣吾郎氏が「DX」を「デラックス」と言い間違えるユニークなCMも流れています。

2020年12月22日に上場。株価は、同日4500円をつけた後、2021年1月6日には6760円まで上昇。一度は下落しますが、すぐに再浮上し、1月25日には7690円の高値をつけて天井。その後急落。3月5日には4340円の安値をつけています。

事業内容はユニークですが、業績が赤字続きであることも原因と考えられます。

そういった意味でも、IPO銘柄の売買のタイミングを見極めるのは、なかなか難し

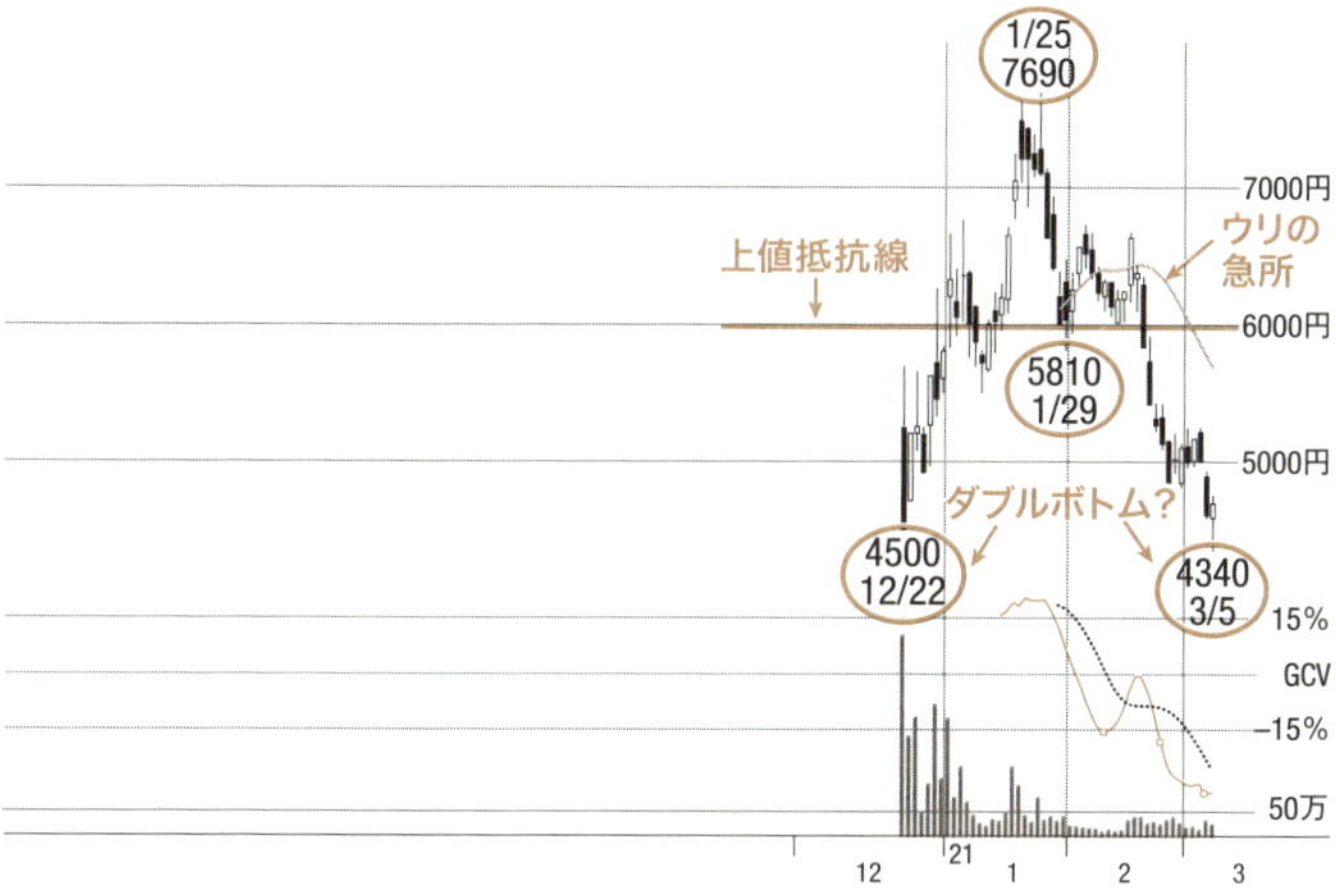

い。ですからヤプリも上級者向けとして紹介しているのです。実際、１００株を購入するにも、１株７０００円であれば、70万円必要になりますから、経験と勇気が必要でしょう。

上昇後の「下げ幅が上げ幅の3分の1程度におさまっているか」がグロース株か否かを判断するポイントになります。

下げが小さければ、次の上げは大きい。下げ率と次の上昇率は反比例するということです。**高値から10％くらいしか下がらない株もありますから、気を抜かずにチャートを確認しておきましょう。**

グロース
エネルギー？

ENECHANGE

マザーズ
4169
株価
4,980円
※株価は2021年3月現在

上昇に転じるポイントは来るか？

「エネルギーの未来をつくる」をミッションに、エネルギープラットフォーム事業、エネルギーデータ事業を手がける企業。東京電力エナジーパートナー、東京ガス、Japan電力、Looopでんき、北陸電力といった電気、ガス関連の企業がサービスを採用しているようです。

創業は、2015年。共同創業者の城口洋平氏と有田一平氏は、イギリスで、ケンブリッジ・エナジーデータ・ラボ社を設立した仲間であり、2017年にはロンドンに拠点を持つ「SMAP ENERGY LIMITED」と統合し、ENECHANGEグループを形成。2020年12月23日に東証マザーズに上場を果たしています。

株価は、2020年12月24日に2125円をつけた後、1月6日には6770円の高

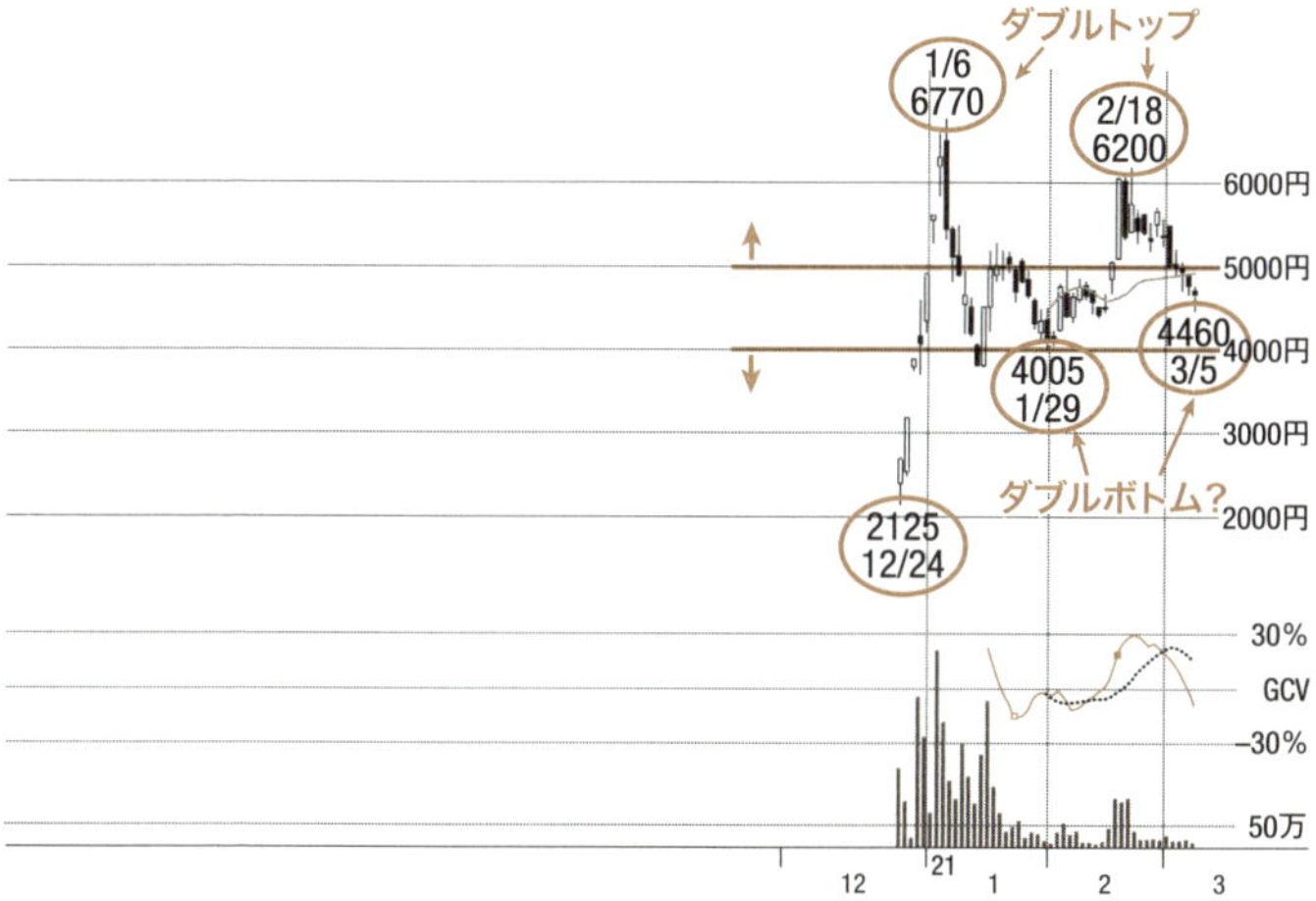

値を記録。ただし、その後は一時4000円を下回るまで下落しているため、直近の上昇率の3分の1以上の値下がりとなってしまっています。

計算式を示すと、6770円－2125円から導かれる「4645円」の3分の1は「1548円」。6770円－1548円は「5222円」。**つまり、5222円近辺で持ちこたえるなら、6770円を超える可能性が高いと判断できることになります。**

しかし、3分の1を超えて下がったからといって、諦めるのは早計です。その後は一時6000円を超える日もありますから、今後も本書で紹介したチャートの読み方を参考に、値動きをチェックしておけば、上昇に転じるポイントを発見できるかもしれません。

グロース
デジタル

Jストリーム

マザーズ
4308

株価
4,660円
※株価は2021年3月現在

企業向け動画コンテンツ制作・配信で10倍達成

動画をはじめとするコンテンツの制作、配信等を手がける企業。「今は動画の時代だから、可能性があるのではないか」と、昨年4月以降、スガシタボイス会員の方におすすめしたところ、見事に上がりっ放しの状態に。2020年3月13日に638円をつけた後は上昇を続け、12月3日には10倍以上の6840円の高値を記録しました。

会員の方の中には、600円台で購入して上がり始めたものの、下落するのではないかという心理も働き、2000円台で売った方もいました。ただ、それでも3倍近い株価になっていますから、上々の出来と言えるでしょう。**私ならどうするかといえば、2000円を天井だと思って売った後に、さらに上昇するなら再度購入します。**ここからは緊迫する心理戦となりますから、なかなか一般の投資家の方には難しいのですが、第

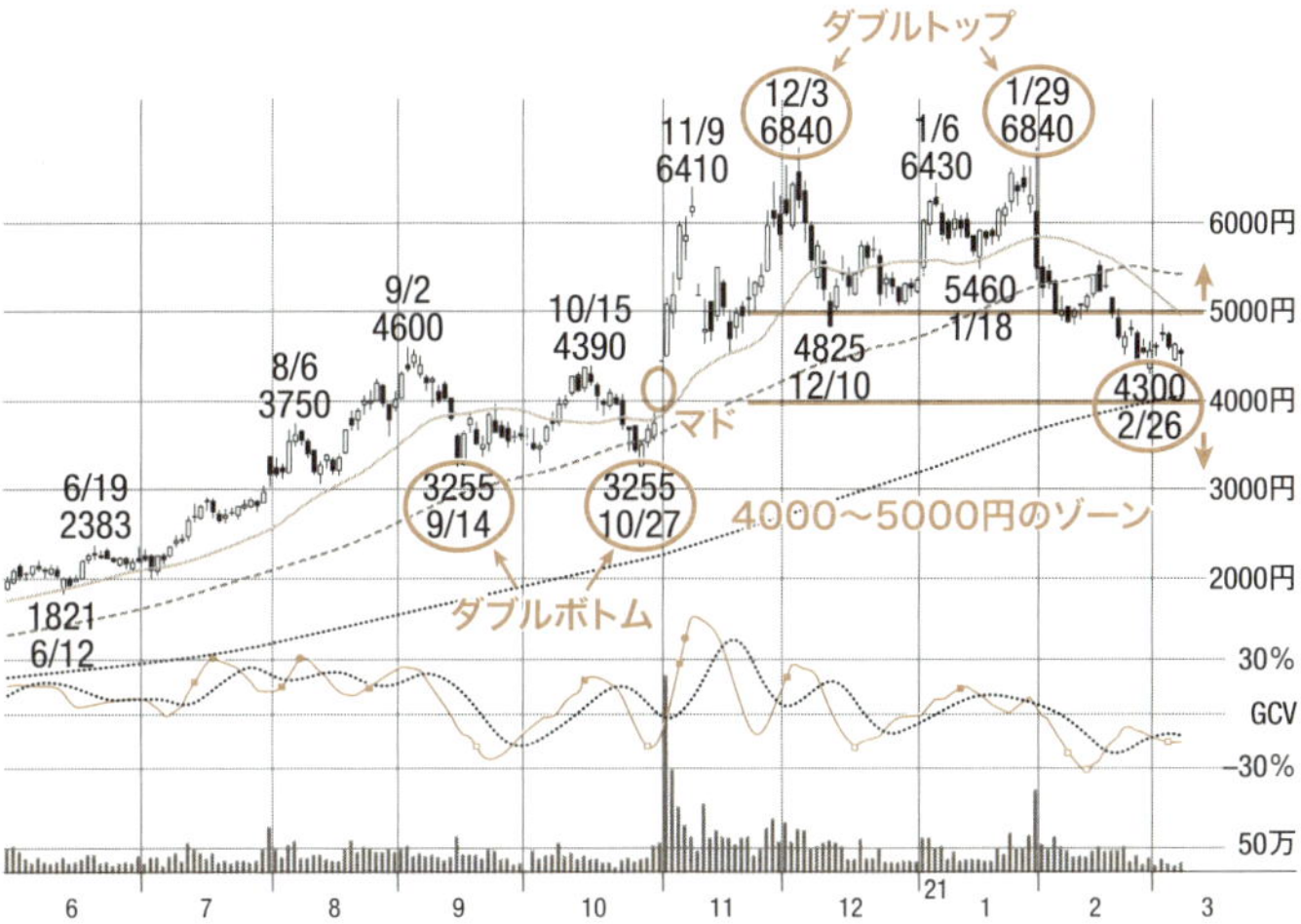

1波の天井、第2波の天井を経た後、底入れの合図の1つであるダブルボトムをつけて、上窓が開いたら「買い」のサインだと思ってください。

ただし、ダブルボトムの後に必ず上がるわけではありません。よくよく注意しないと一気に下がることもありますから、その場合は早めに損切りするようにしましょう。

では、昨年のスガシタ銘柄の代表格だったJストリームの現状はどうでしょうか。年末年始は5000円台で推移し、その後一時6000円を突破しました。しかし1月29日に6840円の高値をつけてダブルトップ。その後、株価の波動通り下落。2月26日には4300円の安値をつけてマド埋めとなっています。

グロース

デジタル

BASE

マザーズ

4477

株価

8,630円

※株価は2021年3月現在

ネットショップ開設で席巻

「Payment to the People, Power to the People.」というミッションを掲げ、ネットショップ開設サービス「BASE」を展開する企業。これまで130万ものショップ開設にBASEが使われ、マクロミル調べの「ネットショップ開設実績」においては3年連続ナンバー1となっているようです。

2020年のチャートをご覧いただければわかるとおり、これも昨年の東西横綱候補の1つで、Jストリーム、AI inside、チェンジなどと肩を並べる銘柄と言えるでしょう。

株価は、2020年3月13日に774円をつけて以降、ほぼ上がりっ放しで、10月8日には、22倍以上の1万7240円まで上昇。こうした株は「買って忘れておく」のも

1つの手ですが、下落する可能性もあるため、ずっと持っておくのは危険です。ですから、現時点でチャートを見れば20倍になっていますが、3月から10月まで持ち続けるのではなく、何度も売り買いを繰り返す必要があります。

プロなら、たとえば天井かなと思った段階で一度売った後、思ったほど下がらないとなると、再度購入します。そして、前の高値を抜いてダブルトップになったあと、果たして上がるか、下がるかという心理戦をしながら売買を繰り返すのです。

それを続けていくメリットの1つは損切りのしやすさです。 ここまで慎重に売買を繰り返す中で、すでにある程度の利益は確保できているため、多少の損切りは許容できる状態になるわけです。

グロース
デジタル

JMDC

マザーズ
4483
株価
5,220円
※株価は2021年3月現在

医療ビッグデータ、という魅力的なテーマ

医療ビッグデータを活用し、医療費、地域格差、人材不足といった課題にチャレンジするために設立された会社。保険事業を支援するための分析ツール、健康年齢を導き出す統計予測モデルの開発に加え、ヘルスデータプラットフォームである「PepUp」などを運営しています。

こちらも2020年のチャートは、右肩上がりの強い形となっています。まず、2019年12月17日の3480円、2020年3月23日の3245円とダブルボトムをつけたあとに上値遊びをして、6月3日には8240円を記録。9月28日にはさらに上昇して、9340円の新高値をつけて、分割。

また、医療関係はコロナ禍が追い風となった業種でもあり、知人の専門家からは、医療

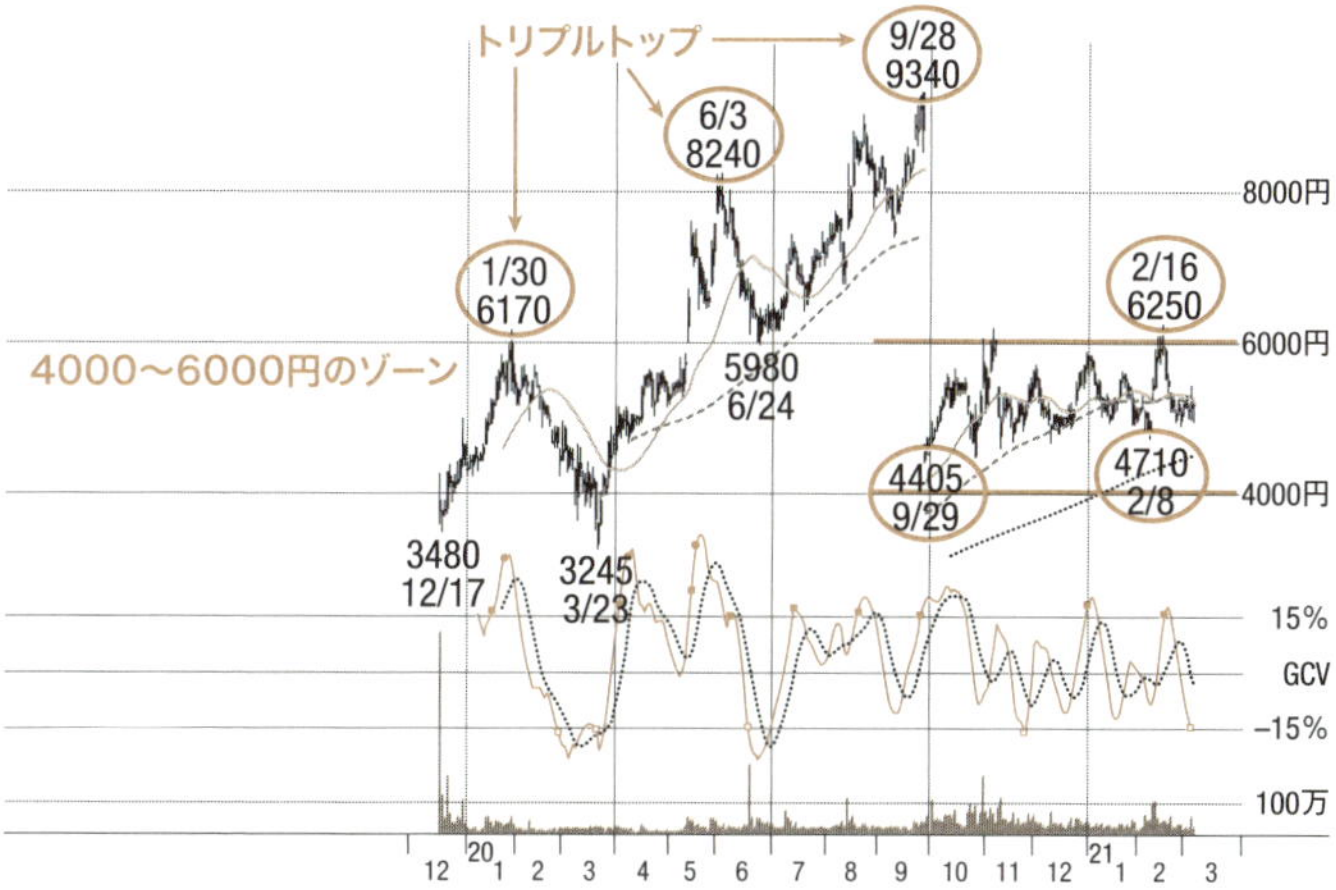

ビッグデータ分野では日本のトップクラスであり、世界でも通用する企業だと聞いています。**株は夢を買うのが基本です。そういった意味では、「医療ビッグデータ」という夢が好意的に受け入れられているからこそ、株が上がっているとも考えられます。**

私が注目したのは、ノーリツ鋼機が株式の52・9%を保有している点です。ひょっとすると、ノーリツ鋼機の株も上がるのではないかとチャートを見たところ、残念ながら連動している様子はありませんでした。ただ、ノーリツ鋼機も2020年は右肩上がりとなっています。一時1000円を下回っていた株価が、年末には2500円を突破。執筆現在も下がっていません。

グロース
デジタル

GMOフィナンシャルホールディングス

ジャスダック
7177
株価
932円
※株価は2021年3月現在

ビットコインはハイリスクハイリターン

GMOグループの1社で、「GMOクリック証券」「FXプライムbyGMO」「GMOコイン」といった企業を子会社に持っています。GMOクリック証券は、女優の新垣結衣氏が出演するCMをご覧になったことがある方も多いのではないでしょうか。

FXプライムbyGMOは、FX（外国為替証拠金取引）を中心に扱う企業で、GMOコインは、サイトに「暗号資産交換業」とあるように、仮想通貨に特化したサービスを展開している会社になります。

株価は、2020年1月6日の590円からスタートしたあと、1年を通して、ゆるやかに上昇し、6月26日には743円を記録。その後も大きく下落することなく、年越し。2021年1月4日に728円で始まった株価は、2月18日には1090円をつけまし

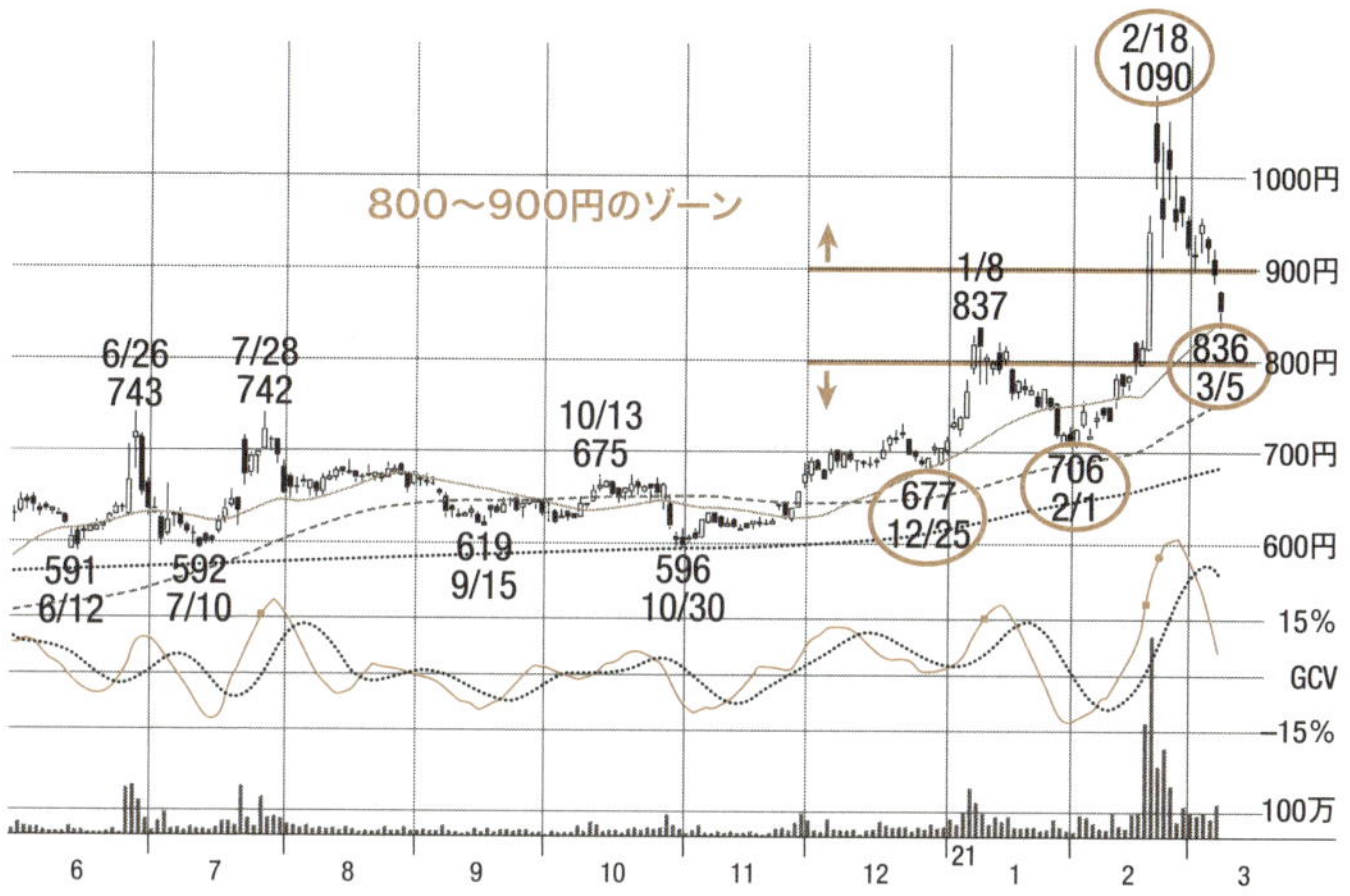

た。

私が注目したのは、ビットコインが急騰している点です。2020年初頭はおおよそ80万円程度だったビットコインが、12月には200万円超となり、史上最高値を更新。今年に入ってからも、「テスラが購入」というニュースとともに、1日で10％以上値上がりしたと報道されています。ビットコインが急騰するということは、それだけ取引量が増えるとも言えるわけですから、取引所の株も連動して上がる可能性が高いと考えたため、本書にも収録することにしました。

とはいえ、仮想通貨関連は、ハイリスクハイリターンであることに変わりはありません。大化け狙いで投資するか否かは、よくよくご検討ください。

グロース
デジタル

ウェルスナビ

マザーズ
7342
株価
3,295円
※株価は2021年3月現在

上場後再浮上型の銘柄

上場直後の株は既存大株主の利益確定後「下がりっぱなし」か「再浮上」の2通りの動きをしますが、こちらは「再浮上型」を説明するのにぴったりの銘柄になります。

上場を果たした2020年12月22日に1704円をつけた後、12月24日には2837円まで上昇、12月30日に2530円をつけて、年越し。**打ち上げ花火型であれば、ここから一気に下がるところですが、1月4日に2649円でスタートした翌日、3395円まで上昇。**2500円から3000円の間で推移を続けています。

ウェルスナビの主力事業は、全自動で勝手に購入してくれる資産運用サービス「WealthNavi」で、スマホ1台で簡単に資産運用が開始できます。サイトには、WealthNaviの運用実績だけでなく、代表取締役CEOの柴山和久氏の個人運用実績が載っているの

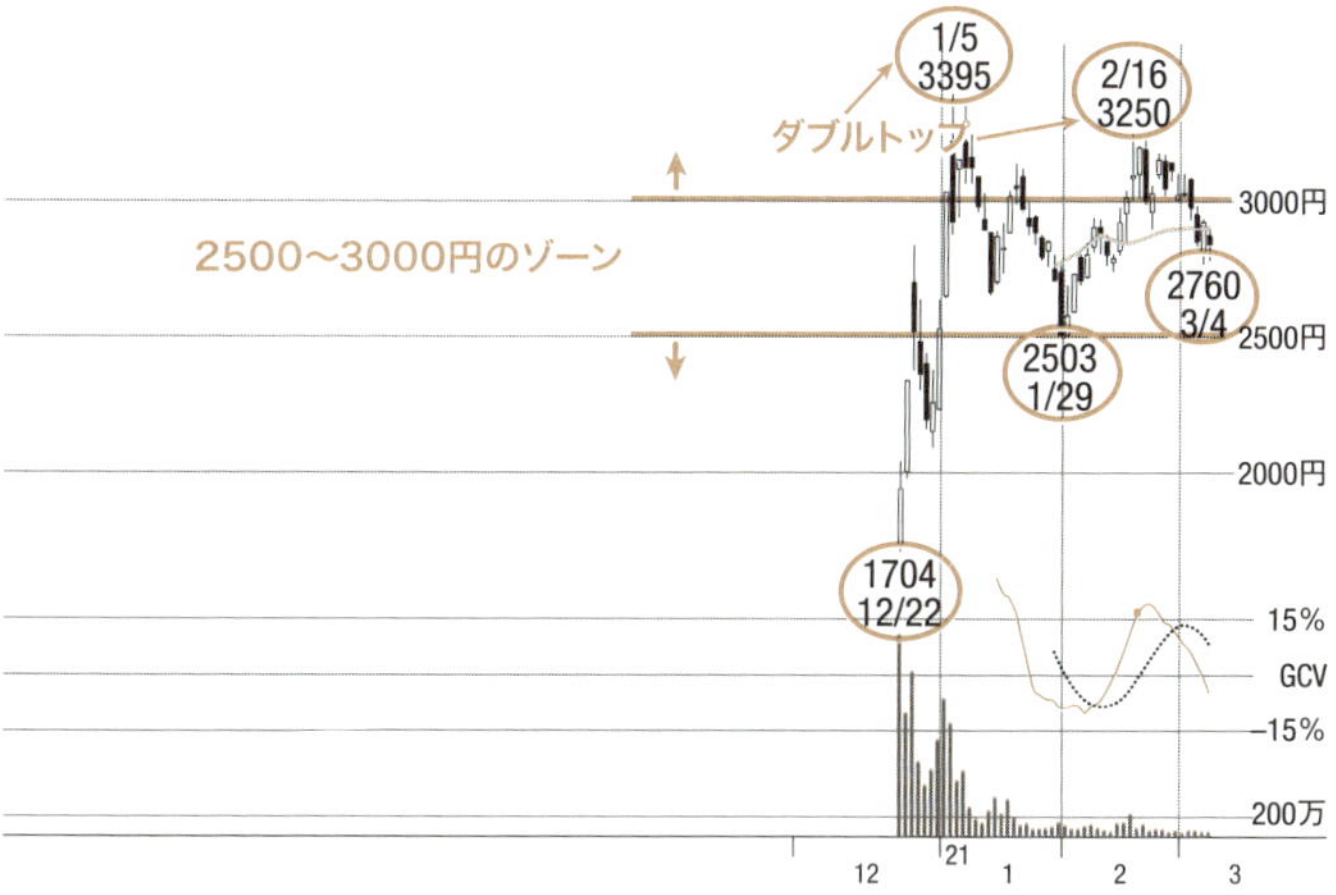

もおもしろい。ニューヨーク州に弁護士登録もしている柴山氏は一風変わった経歴の持ち主で、財務省で9年間勤務した後、マッキンゼーに入社。2015年に退職し、ウェルスナビを立ち上げているようです。

ここ最近は、テレビCMにも力を入れているようですが、預かり資産も順調に増加しています。2017年4月に100億円を超えて以降、2018年1月に500億円、2019年1月に1200億円、2020年1月に2200億円、2021年には3500億円を突破。優待や割引特典、マイルといった形で、ソニー銀行、住信SBIネット銀行、日本航空、全日空などとも提携しています。

グロース
デジタル

プレイド

マザーズ
4165
株価
3,735円
※株価は2021年3月現在

2020年末上場のニューIPO銘柄

「データによって人の価値を最大化する」をミッションに掲げ、CXプラットフォーム「KARTE」を展開する企業。ウェブサイトを閲覧するユーザーを、データという視点で分析するだけでなく、共感度といった把握が難しい要素に関しても可視化することにチャレンジしているようです。

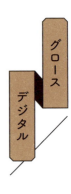

2011年に設立され、昨年2020年12月17日に上場したばかりのニューIPO銘柄の1つで、1月21日に4745円の高値をつけた後に下落。3500円あたりでずっともみ合っていましたが、3月3日に4070円という高値を記録。今現在は、3500円と4000円の間でもみ合っています。

ここでワンポイントレッスンとして、ボックス相場という用語を取り上げたいと思いま

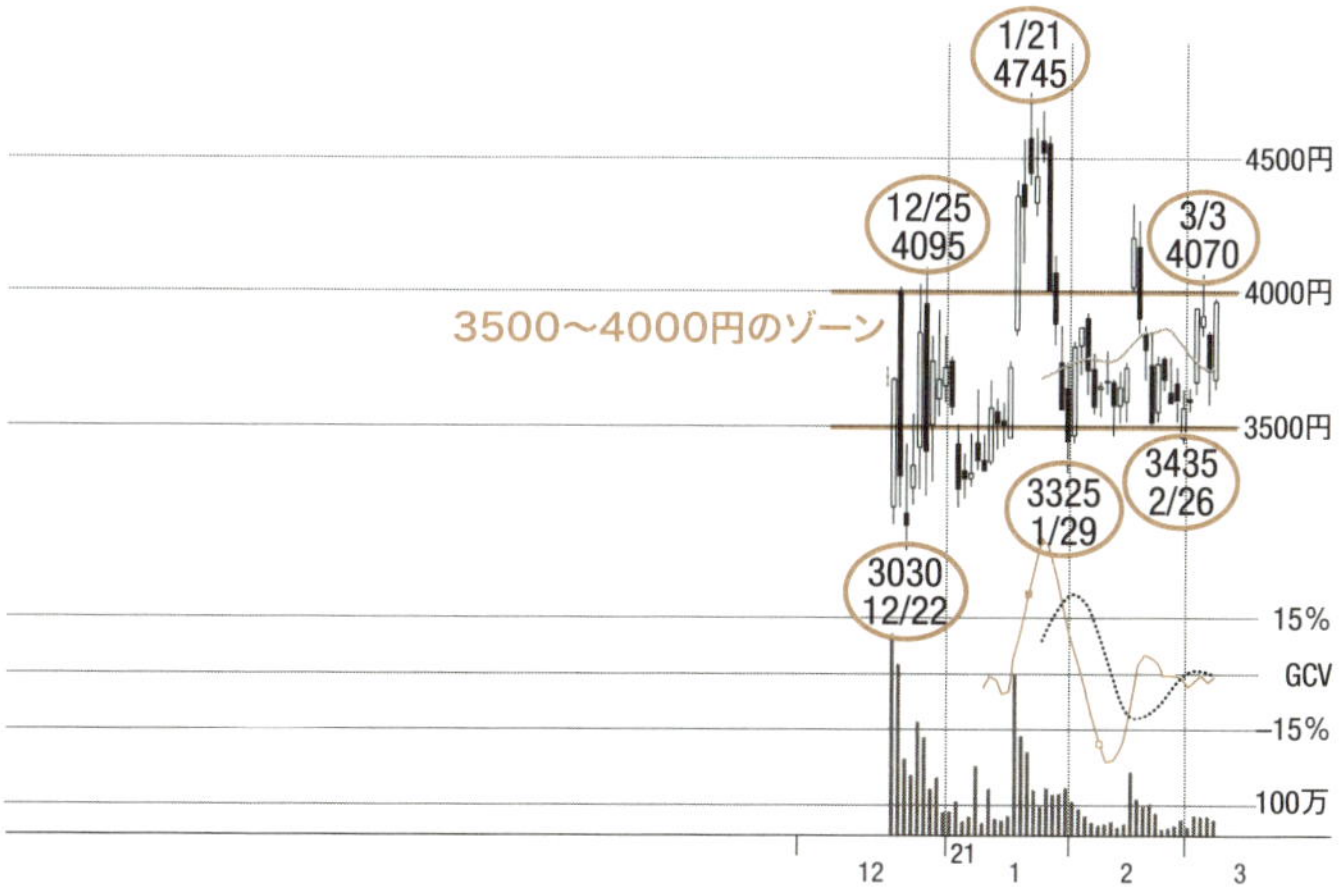

す。**ボックス相場というのは、一定のゾーンでもみ合っている状態を指す言葉で、プレイドの場合でいえば、4000円が壁、3500円が床というゾーンを形成していると考えられます。**そして、床である3500円を下回ると黄色信号が点灯し、逆に4000円を突破してくると、上場直後の高値である4745円を奪回するチャンスが巡ってくることになります。

　とはいえ、上にはチャンス、下にはリスクがある現状では上級者向けの銘柄と言わざるを得ないでしょう。

　売り買いの判断は難しいところですが、いったんボックスの床を下回ったら売り、ボックスの壁を突破したら買いというのが、株価の波動から読み取れるポイントになります。

グロース
デジタル

Ｕｂｉｃｏｍホールディングス

東証一部
3937
株価
3,000円
※株価は2021年3月現在

● **難易度高めのグローバルメディカル分野**

ホームページには、「『人』×『技術』で革新的なＩＴソリューションを創造する、唯一無二のビジネスイノベーションカンパニー」とありますが、一見しただけでは、どんな会社か理解するのは難しいかもしれません。ターゲットとしている市場は、医療、自動車、金融・公共、製造・ロボティクスと幅広く、ＡＩ技術をはじめとする5つの強みを軸に社会課題に挑戦している会社のようです。

設立経緯もユニークで、１９９３年に、日本ＩＢＭと東芝テックの合弁会社としてフィリピンでスタート。中国に子会社を設立したり、医療情報システムを手がける会社をグループ化することで、事業範囲を拡大し、今に至っています。

２０２１年3月期の決算において、経常利益、営業利益がともに過去最高益となるこ

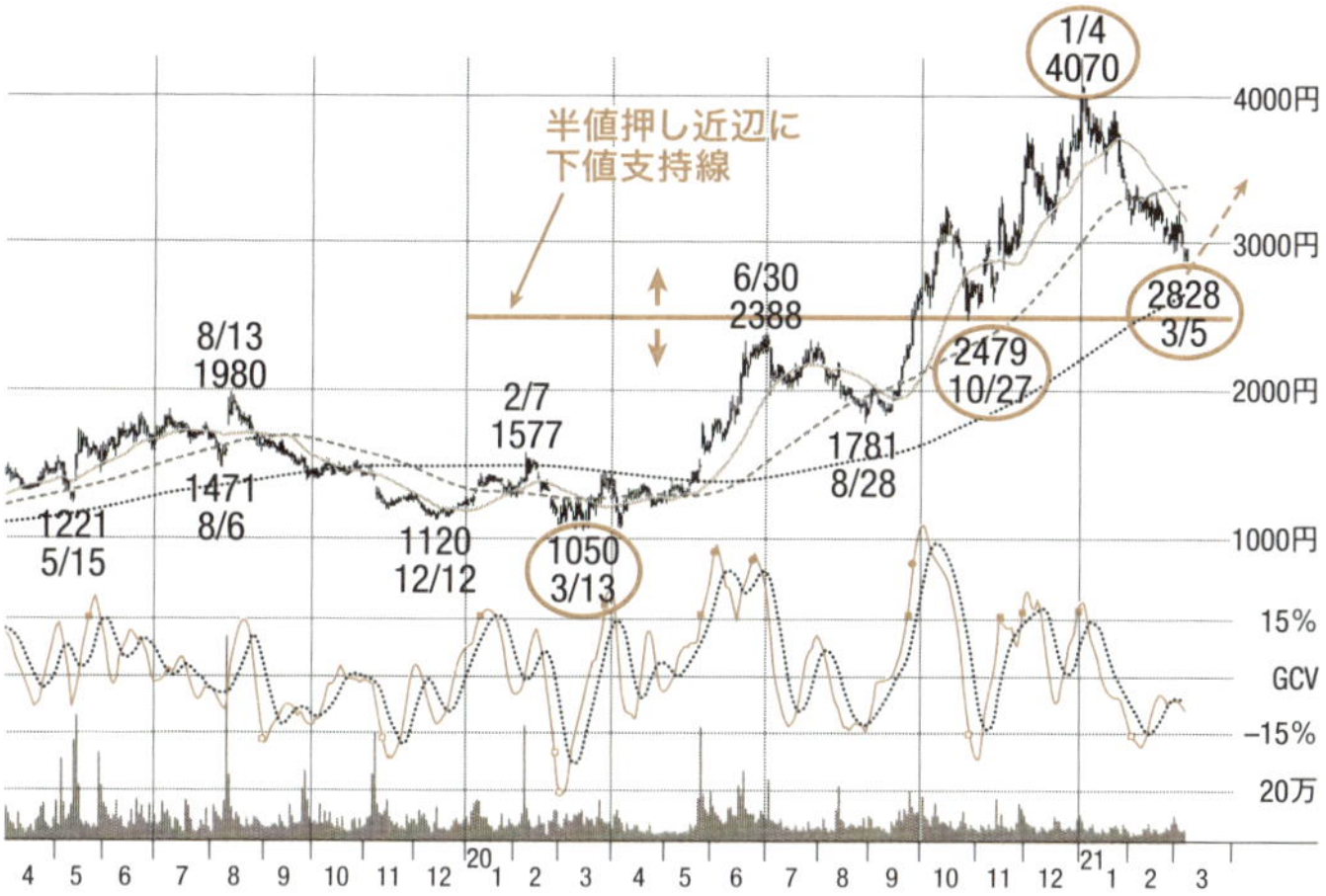

とが予想されているなど、業績も順調に推移しています。

グローバル／メディカル分野の有望企業ではありますが、事業内容が専門的であるため、土地勘のない方は注意が必要という意味で、上級者向けとしています。

株価は、2020年3月13日に1050円をつけた後は上昇を続け、2021年1月4日には、約4倍の4070円を記録。執筆時の3月5日のチャートを見ると、直近の上昇幅の半値押し近辺に下値支持線を引くことができますが、ここから上に行くか、下に行くかがポイントになります。もし上に行くなら、上昇トレンドになり、下に行くなら当面は下落調整局面へと推移する可能性が高いと言えます。

グロース
デジタル

ロゼッタ

マザーズ
6182
株価
2,438円
※株価は2021年3月現在

AI活用の翻訳サービスで壁を超えるか

主力事業は、AIを活用した自動翻訳サービスになります。金融や医療といった2000もの専門分野をカバーし、それぞれの業界、企業ごとに使われている独自の表現などを学習することでカスタマイズできるようです。また、2020年には、リモートでの海外旅行サービスを展開する子会社を設立。VR技術を使うだけでなく、現地のガイドともつながることで、より臨場感のある体験を提供しようとしています。

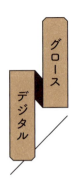

創業は2004年で、2015年に東証マザーズに上場。社名の由来はエジプトで発見され、大英博物館に展示されているロゼッタ・ストーン。21世紀のロゼッタ・ストーンとなって、難問を解決するという願いが込められているようです。

株価は、昨年2020年4月6日に1710円、12月28日に1838円と、ダブルボ

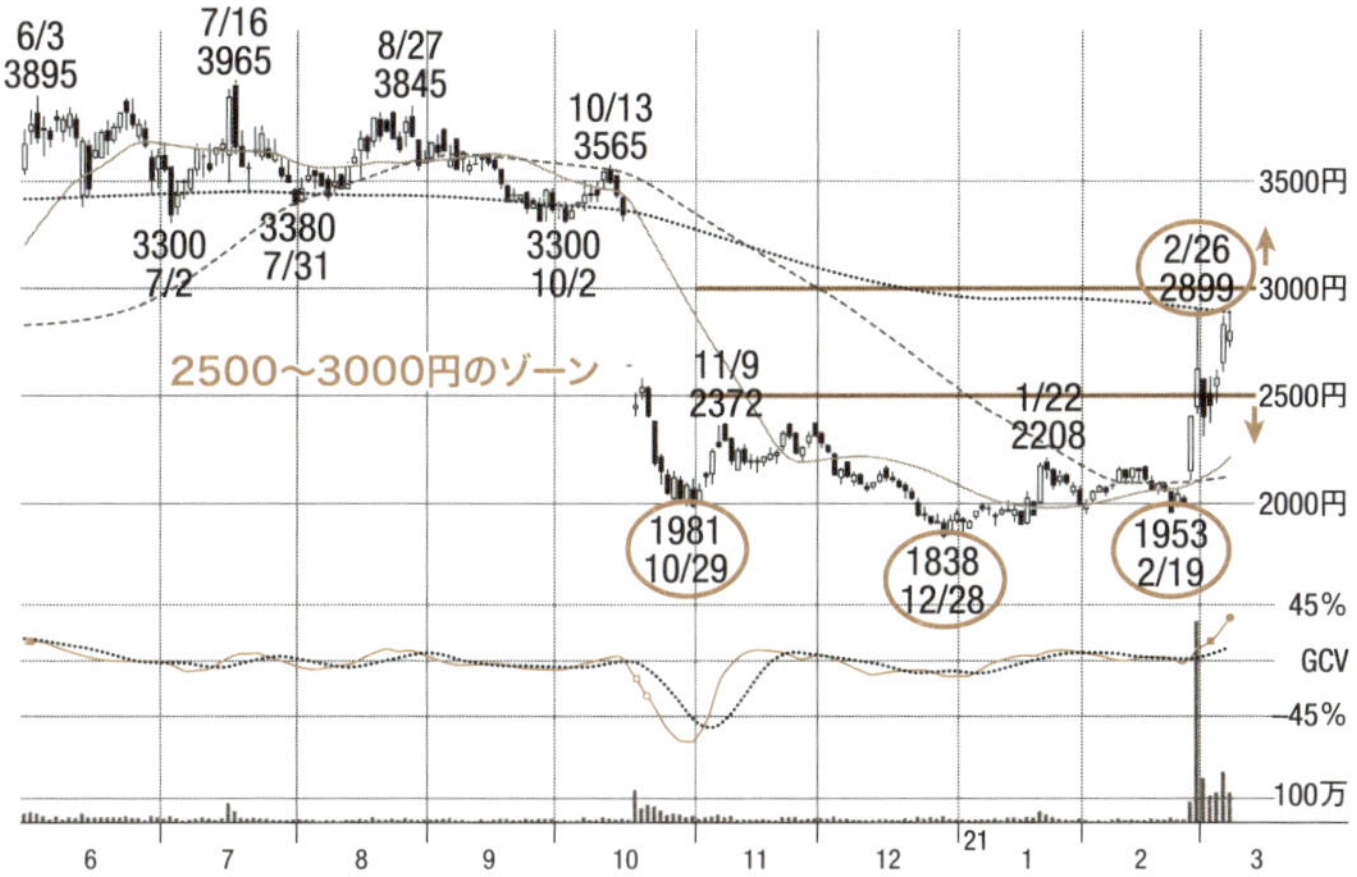

トムを形成した後、上昇を開始。底値圏から脱して、反騰相場が始まったと考えてよいでしょう。3月8日には2950円という戻り高値をつけ、3月11日現在2399円となっています。

ここ数年の高値としては、2019年4月18日の4995円、そして2020年1月20日の4750円などが挙げられます。

また、直近の高値が、2020年7月16日の3965円であることを考えると、**当面の壁は4000円と言えるのではないでしょうか。**

今現在は、窓埋め相場に近い状況となっていますので、壁を超えられるか否かに注目したいところです。

グロース
デジタル

ソニー

東証一部
6758
株価
11,435円
※株価は2021年3月現在

1年で2倍以上の伸びを記録

「世界のソニー」ですから、事業内容含め、説明は一切不要ではないでしょうか。

昨年は、プレイステーション5の発売、また、大ヒット漫画『鬼滅の刃』の制作・配給に傘下企業が貢献、さらには主題歌を歌うアーティストもソニーグループ所属だったこともあり、好材料が揃っていたようです。

私は本書で、誰もが知っている会社は、2倍、3倍、5倍、10倍となる可能性が低いため、グロース投資には向いていないとご説明してきました。そういう意味では、ソニーも「誰もが知っている会社」ではありますが、ソニーは直近1年で2倍以上の伸びを記録しています。なぜか。**おそらくソニーには、新しい技術、サービスを開発する能力が備わっているからです。**

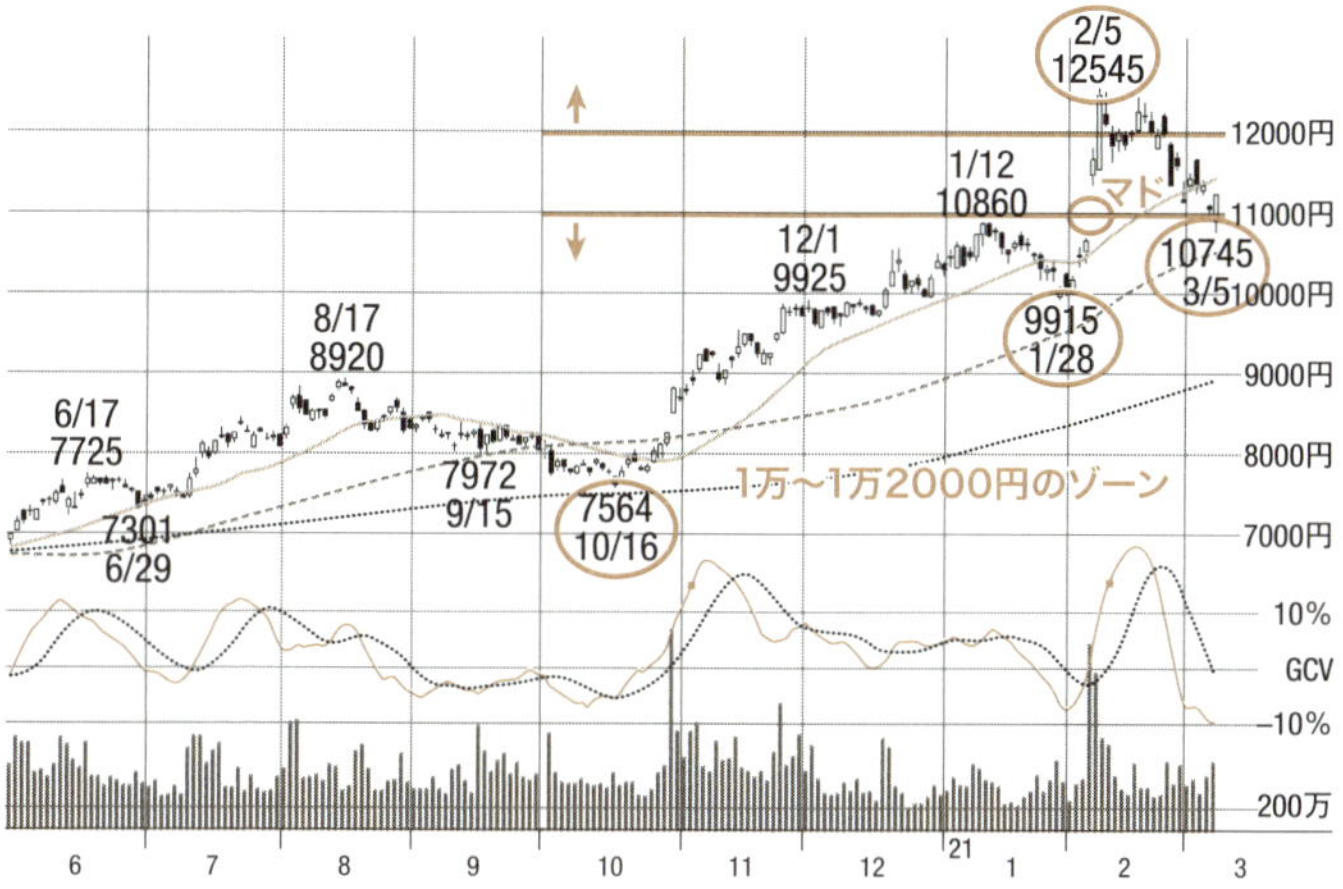

株価は、コロナショック時の2020年3月13日に5279円の安値を記録。しかし、その後は上昇を続け、2021年2月5日には、1万2545円を記録しています。立派な成長株と言ってよいでしょう。1万2545円という高値をつけてから、3月11日現在は1万1010円と、やや下がっています。こうした局面を「押し目」と表現しますが、いったん休憩している状態と捉えることができます。

では、今後どうなるか。株価が上昇する可能性は十分ありますが、今後の業績次第と言えそうです。ちなみに、2021年3月期の決算では、大幅な増益を予想していますので、予想どおりなら、株価は再び上昇するのではないでしょうか。

グロース
デジタル

INCLUSIVE

マザーズ
7078
株価
5,500円
※株価は2021年3月現在

三番底を経て高値をつけた上級者向け

上場したばかりのデジタル関連銘柄になります。一言で言うと、デジタルメディアの企画、制作、マネジメントを手がけている会社であり、大手出版社やテレビ局等にサービスを提供しているようです。

早速、上場した後の株価の動きを見てみましょう。2019年12月に上場した直後の高値は4545円。その後は、下方トレンドまっしぐらという形で、コロナショック時の2020年3月23日には764円まで下落。上場直後の高値で買った人は厳しかったのではないでしょうか。

その後、8月12日に1090円、年末の12月28日に860円という、やや変形のトリプルボトム、いわゆる三番底、かなりくどい安値をつけた後、なんと大きな窓を開けて、

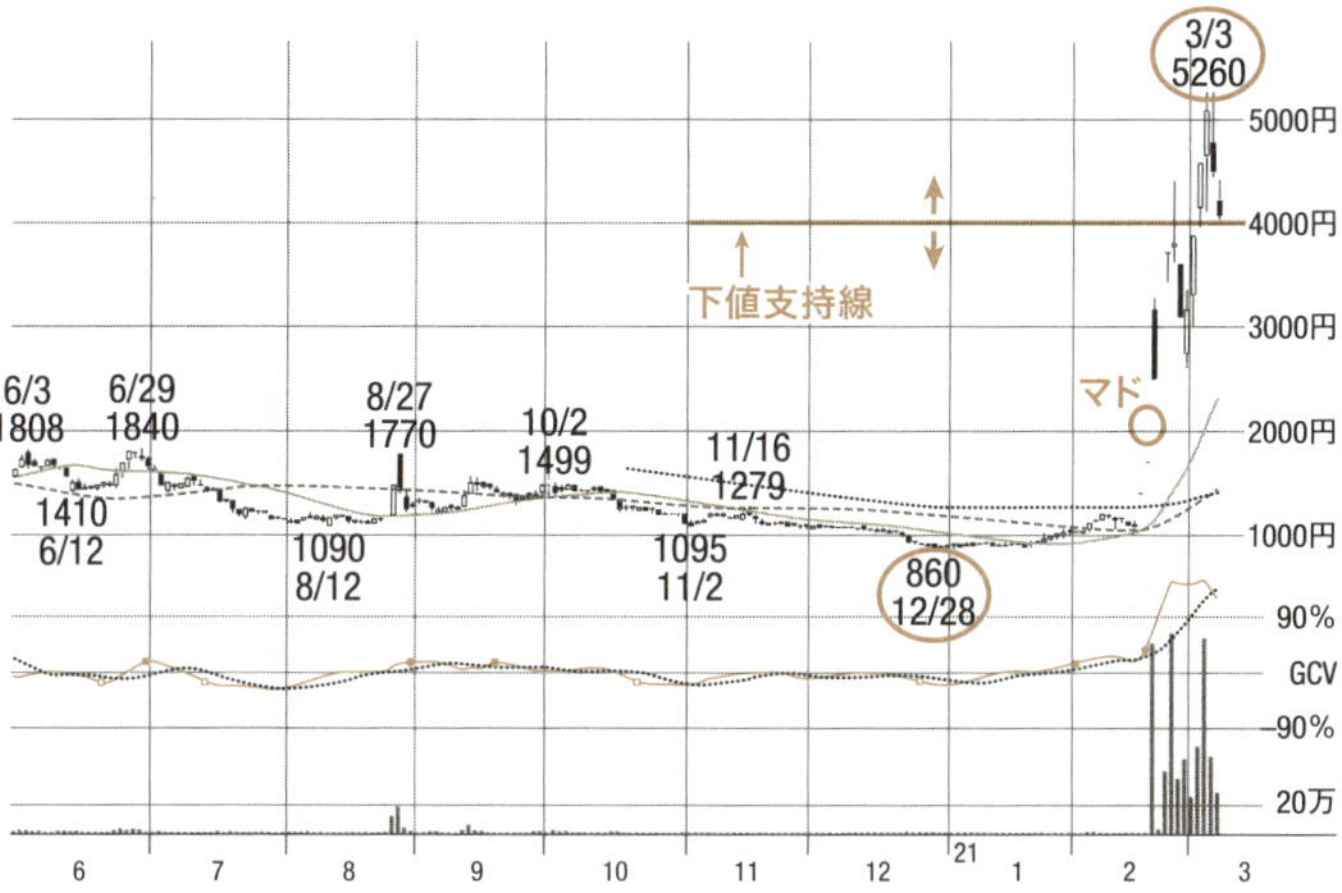

急騰。3月3日には5260円という高値を記録しています。**上へ下へと株価が大きく動いている銘柄になりますので、間違っても初級者の方は、ぱっと飛びついて、買ってしまわないようにしていただきたいと思います。**

ウェブメディア支援、地域のメディア支援というのは、デジタルというテーマにぴったりの会社ではありますが、こうした新しい企業に関しては、評価が大きく分かれるのもまた事実です。2020年のコロナの影響もあり、業績は赤字基調。今後もどうなるか不透明な部分もあるため、株価の動きには細心の注意が必要なハイリスクハイリターン銘柄の1つと言ってよいでしょう。腕とお金に自信のある方はトライしてみてはいかがでしょうか。

グロース
デジタル

GMOインターネット

東証一部
9449
株価
3,260円
※株価は2021年3月現在

日本のネットを支える巨大企業

GMOフィナンシャルホールディングスの親会社が、GMOインターネットになります。親会社ということもあり、こちらのほうがより安心、安全な銘柄かもしれません。

インターネットインフラ事業、インターネット広告・メディア事業、インターネット金融事業、暗号資産事業などを展開し、それぞれの事業を、子会社が中心となって推進する体制になっているようです。

経営者の熊谷正寿氏は、楽天の三木谷浩史氏、サイバーエージェントの藤田晋氏と並ぶIT企業家の代表格。熊谷正寿事務所と本人と合わせて40%弱の株式を保有しているようです。

仮想通貨関連を含むデジタル関連企業を多数傘下におさめていることが、本書で取り上

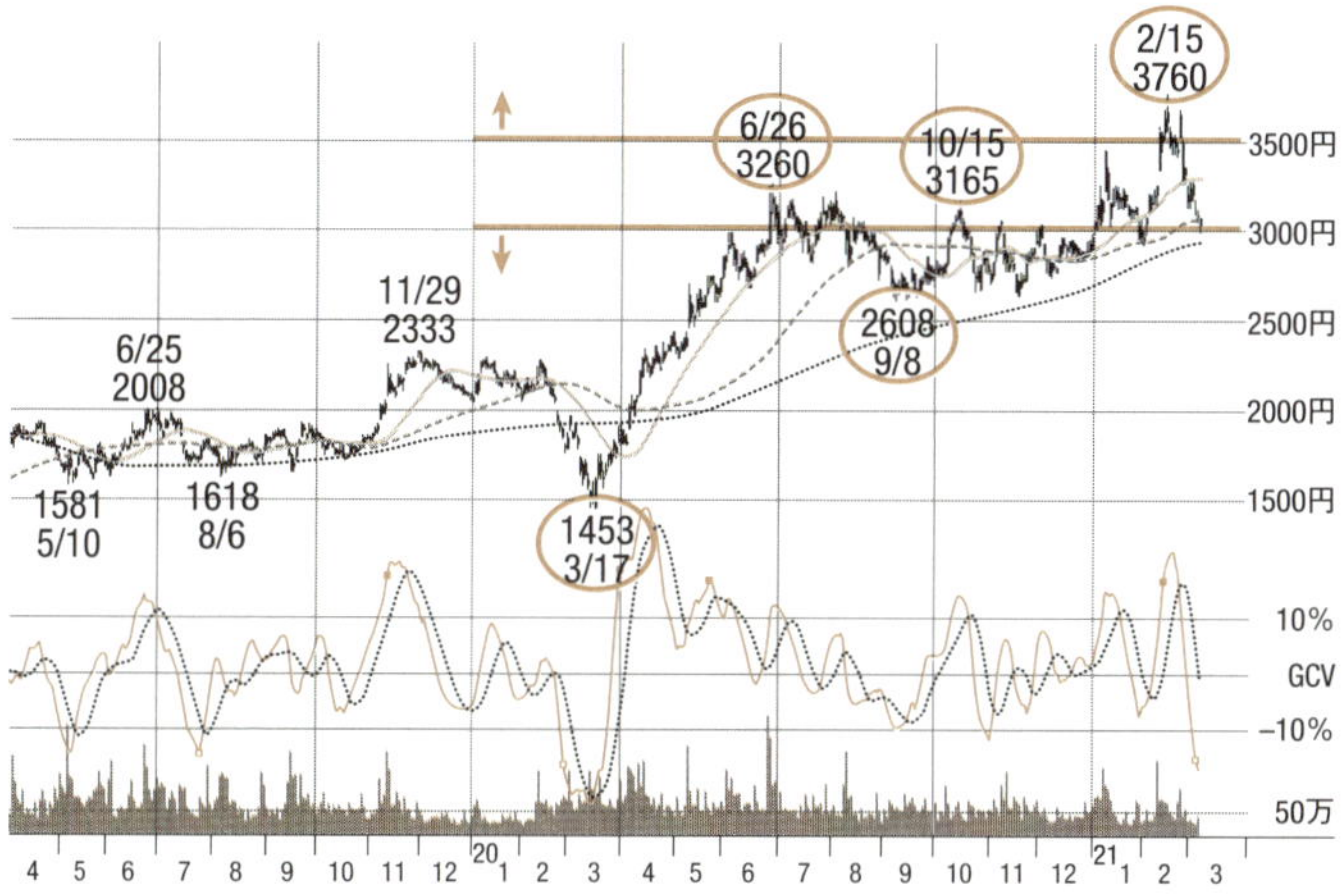

げた一番の理由です。「ＩｏＴ時代の到来」「人工知能（ＡＩ）の活用による自動化」「暗号通貨がもたらす新たな経済活動」といった新しい動きに対して、スピード感をもって対応していくというトップメッセージも発信しています。日本のインターネットビジネス黎明期から活動を続ける会社であり、グループ企業は、上場企業10社を含む１００社という規模にまで成長しています。

株価は２０１９年11月29日に２３３３円をつけた後、２０２０年３月17日には１４５３円まで下落。その後は上昇を続け、６月26日には２倍以上の３２６０円。２０２１年１月８日には３４４５円を記録し、一時３０００円を下回った日もありましたが、２０２１年２月15日には３７６０円の新高値をつけています。

グロース
グリーン

レノバ

東証一部
9519
株価
3,450円
※株価は2021年3月現在

バイデン氏当選で勢い増

株価は、昨年9月半ばから上がり始め、11月3日に行なわれた米国大統領選「バイデン氏当選」の報を受け、さらに上昇することになりました。**理由は明らかで、トランプ氏が再選された場合、パリ協定離脱のままと報じられていた一方、バイデン氏が当選したなら、環境を保護する方向に大きく舵を切ると考えられたからです。**

現在は高値圏にあるため、とくに初級者にとっては、手を出すのは勇気が必要なタイミングかもしれません。ただ、今後の下げ幅が「上げ幅の3分の1」程度にとどまるなら、また上がる可能性は十分にあります。

上級者向けのハイリスクハイリターン銘柄と言えますが、太陽光発電、水力発電、風力発電、地熱発電、バイオマス発電など、再生可能エネルギー事業を手がけている「グリー

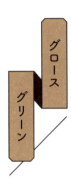

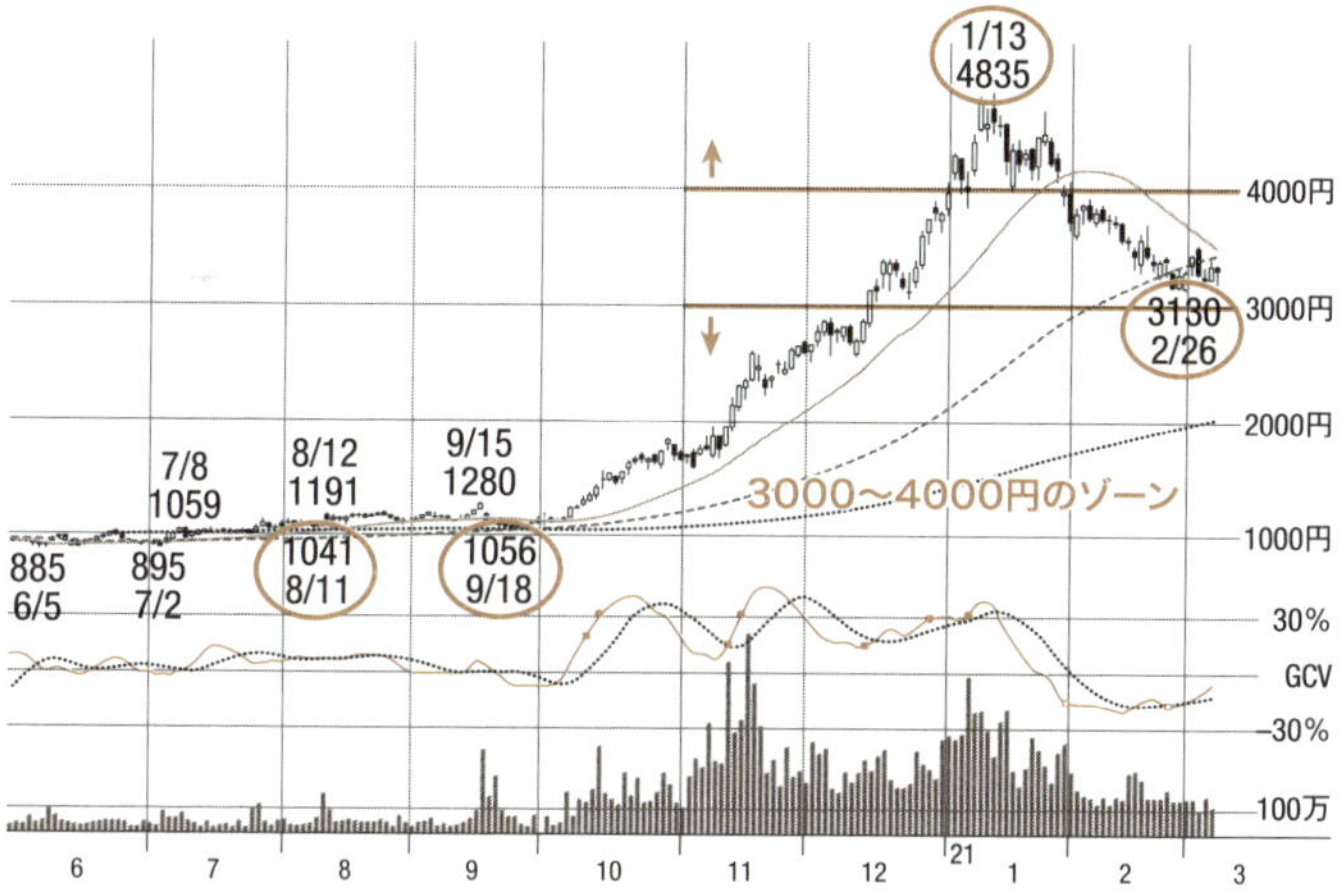

ン銘柄」は、今年のキーワードでもあるため、注視したいところでもあります。

ホームページによると、もともとは2000年に、環境分野における調査・コンサルティングを手がける会社として設立。その後、プラスティックリサイクル事業、容器包装リサイクル事業など、さまざまな分野を模索したのち、2017年にはマザーズに上場、翌年には東証一部に市場を変更しています。

CEOメッセージとして、木南陽介氏が「エネルギーで困ることのない100年後のために」と発信していることからわかるように、創業以来一貫してエネルギー問題に取り組んでいるグリーン銘柄と言えます。

グロース
デジタル

デジタルハーツホールディングス

東証一部
3676
株価
1,563円
※株価は2021年3月現在

幅広い事業を展開するデジタル企業

代表取締役CEOは、ユニクロを展開するファーストリテイリングの社長兼COOも務めた玉塚元一氏。玉塚氏は、その後、企業再生を手がけたり、ロッテリア、ローソンの経営にも関わっているようですが、2017年にこのデジタルハーツホールディングスのCEOに就任しています。

社長挨拶には「アジア№1の『総合テスト・ソリューションカンパニー』を目指す」とありますが、何をやっているのかわからないくらい、さまざまなことを手がけている会社です。

もともとはソフトウェアの不具合を検出するサービスを手がける企業として、2001年に設立。2008年にはマザーズに上場、2011年には東証一部に市場を変更して

います。

そして、現在は、10を超えるグループ会社を傘下に置き、ゲームの企画・開発、ゲーム情報サイトの運営、セキュリティ対策、ウェブサイト制作、ゲームの攻略本の出版といった事業を展開しています。

売上高は順調に推移している一方、営業利益、経常利益は、ここ数年減少傾向にありますが、2021年3月期は、営業利益、経常利益ともに、前年を上回る予想と発表されています。

株価は2020年11月2日の安値967円から上昇して2021年2月16日には1539円をつけて新高値更新。**その後も高値圏でのもみ合いが続いています。**

グロース
内需・消費

スクロール

東証一部
8005
株価
1,140円
※株価は2021年3月現在

EC事業を手がけつつ周辺ソリューションも提供

コロナの影響で、ECサイトの利用数が急増したり、外食産業がテイクアウトに注力したこともあって、ウーバーイーツ、出前館などの宅配サービスも活況を呈しています。ニューノーマル時代には、手にとってじっくり見て選ぶ必要のない日用品だけでなく、洋服や靴といったリアル店舗での購入が主流だった商品もまた、通販やECサイトを通して買う時代になっていくでしょう。**スクロールも、まさに巣ごもりにぴったりのビジネスモデルであるアパレルや雑貨の通販事業、EC事業を手がけている会社です。**

注目すべきは、1971年に取引を開始した生協との太いパイプがあるため、800万人にものぼる組合員にカタログを送ることができる点です。また、スクロールは、自ら通販、EC事業を手がけるだけでなく、通販で培った知見をベースに、ECや決済に関す

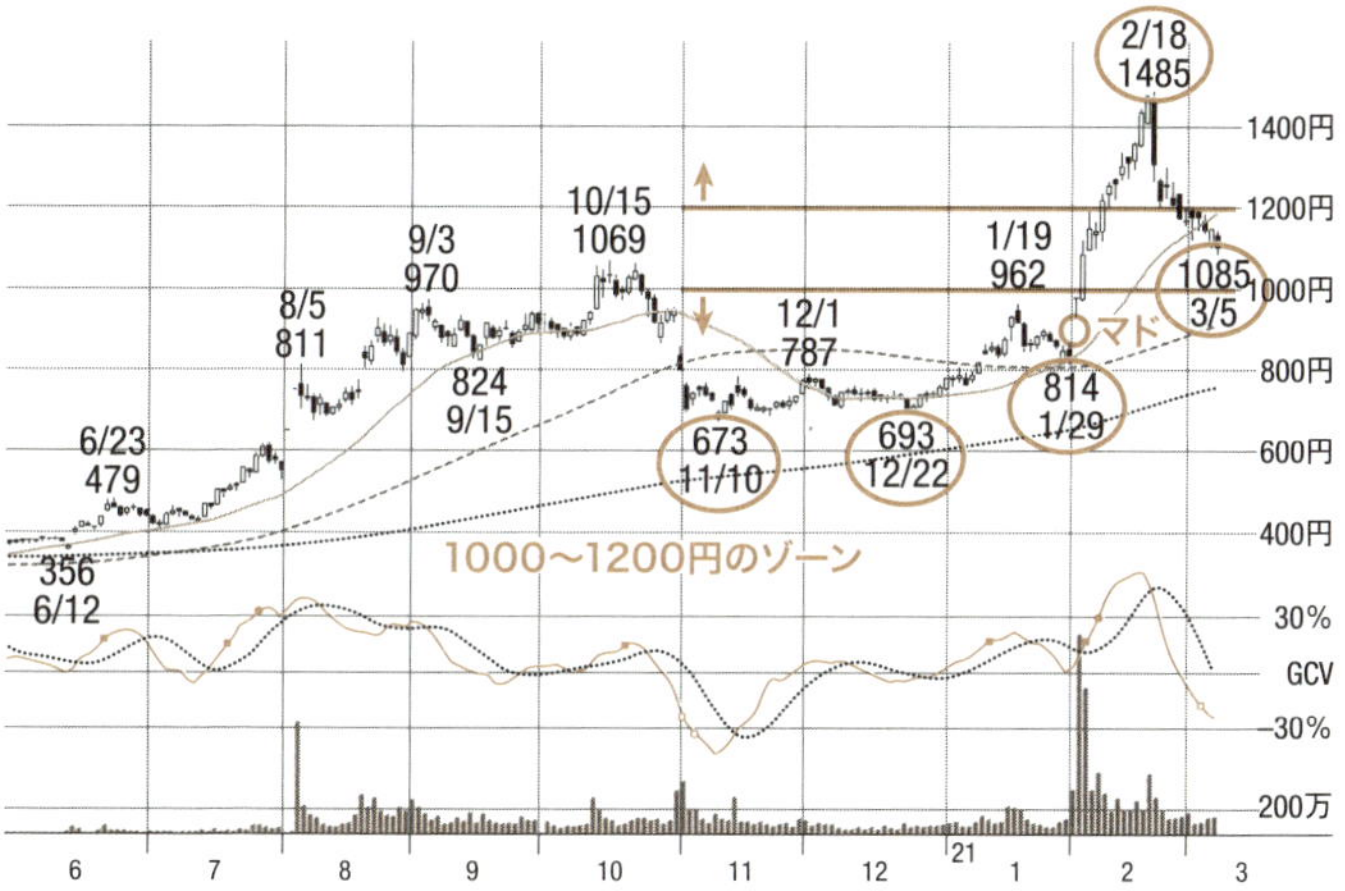

るソリューションも提供しています。さらに、コロナ禍においては厳しい状況にあるかもしれませんが、旅行事業も手がけるなど、幅広い事業を展開しています。

歴史は相当古く、1939年、武藤洋裁所として創業。その後、カタログ販売を手がけるようになり、今ではジャカルタやダッカにも事業所を構えているようです。

株価は、2019年12月26日に406円をつけた後、2020年3月13日には236円まで下落。10月15日には1069円をつけましたが、再度下落し、11月10日には673円。12月22日に693円をつけてダブルボトムで底入れ、その後上昇して2月18日には1485円の高値をつけました。

グロース
内需・消費

ニトリホールディングス

東証一部
9843
株価
21,000円
※株価は2021年3月現在

カリスマ経営者率いるグロースの大企業

インテリアに加え、リフォームサービスも手がける小売大手。大企業のわりには、グロースという特徴を持っているため、あえて掲載している銘柄です。創業者・会長の似鳥昭雄氏が独自の相場観、哲学を持っている点は注目に値すると、私は考えています。

株価は、2020年の底値1万2725円から急上昇、トリプルトップをつけて天井。その後、株価は押し目です。

私は常々、株価が上がる条件の1つに、「経営者が、イーロン・マスクのような人物であること」を挙げています。裏を返せば、イーロン・マスクのような社長でなければ、株価が上がる確率が下がるということです。そのため、もし、運よくイーロン・マスクのような社長を見つけたら、すぐに投資を検討するとよいでしょう。

ただ、経営者がカリスマ的であれば、すべてよいというわけではありません。

投資の観点でいえば、上場前に脚光を浴びすぎて、評価額が大きくなると、上場後のメリットは小さくなります。逆に、上場前にはそうでもないけれど、上場後に時価総額が一気に大きくなるなら、株価が10倍、20倍になる可能性も上がるわけです。

そのため、**上場前に有名になりすぎると、上場しないというよりは、上場できない、あるいは上場のタイミングを逸してしまう企業もある**ということは、知っておくとよいかもしれません。

グロース

デジタル

ソフトバンクグループ

東証一部

9984

株価

9,238円

※株価は2021年3月現在

「買い」のタイミングはこれからも訪れる

前項の似鳥氏に続き、毀誉褒貶《きよほうへん》あることを承知のうえで言えば、孫正義氏は日本のイーロン・マスクのような人だと、私は考えています。そして、孫氏のような若者がたくさん出てくるような世の中になってほしいというのが、私の偽らざる思いです。

イーロン・マスクは一時期、「テスラはもう終わりだ。破綻する」と集中砲火を浴びたことがありましたが、最終的にどうなるかは別として、現在では、トヨタを超える時価総額となり、成長路線をひた走っています。

孫氏もまた、WeWorkをはじめとする投資先の経営が思わしくないこともあって批判が集中し、「目利き力に陰り」「保有資産も激減」といったニュースが流れた時期がありました。しかし、今回、2020年4～12月期の純利益が3兆円を超えるという報道が流れ、

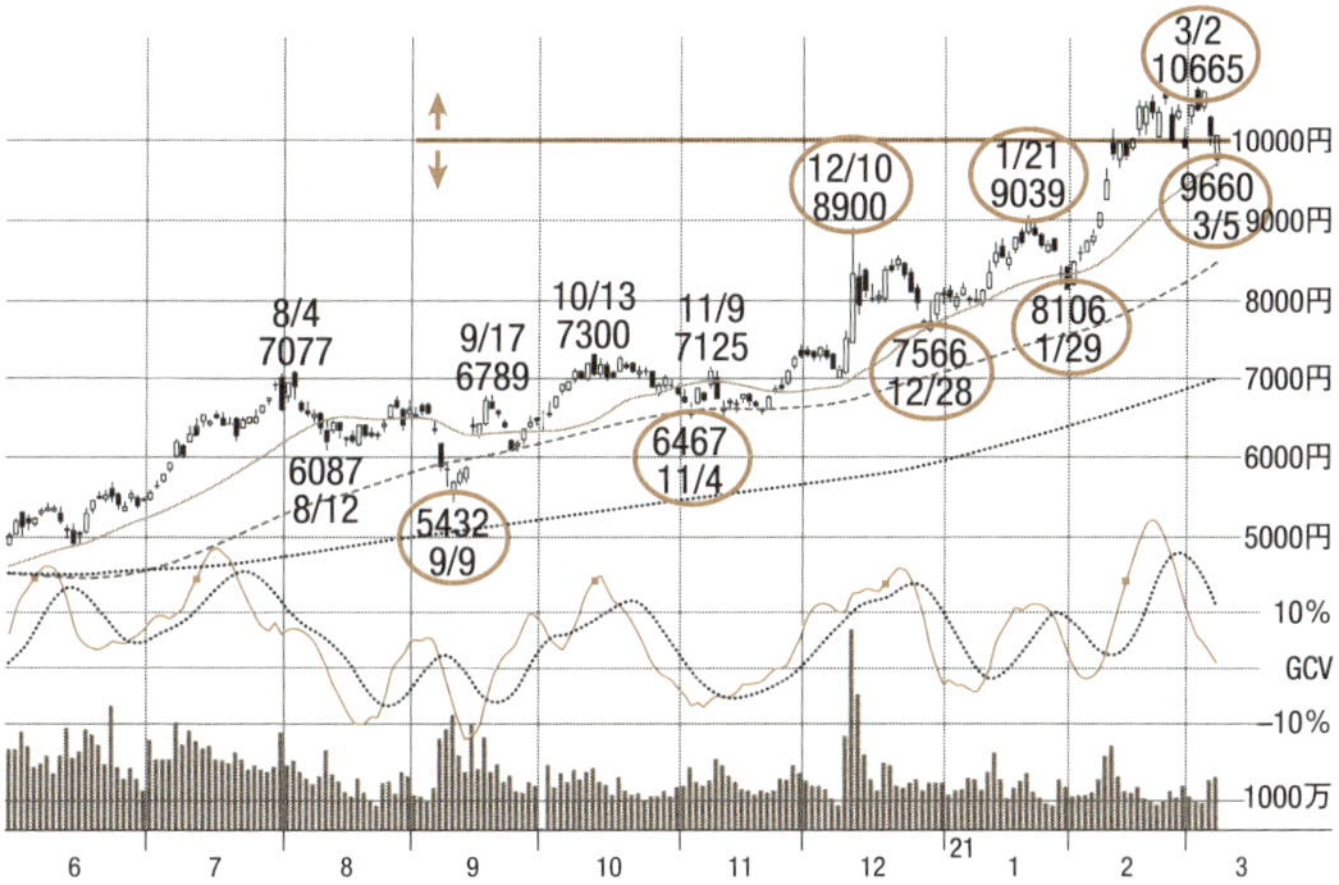

改めてその経営力が脚光を浴びているのはご存じのとおりです。

テスラもソフトバンクもこの先どうなるかは誰にもわかりません。ただし、**これまで何度も「買い」だった時期があったことは事実で、そして、これからもしばらくは、そうした状況は続くのではないかと私は考えています。**

株価の変動を確認しておきましょう。２０２０年２月12日に５８７１円だった株価は、３月19日には２６０９・５円まで下落。その後は上昇傾向にあり、８月４日には７０７７円、年末の12月10日は８９００円。２０２１年３月の執筆現在は１万円を超えました。

グロース
デジタル

freee

マザーズ
4478
株価
9,430円
※株価は2021年3月現在

充実のサービスで上昇をキープ

「free」に「e」を1つ加えた「freee」という特徴的な社名を見かけたことがある方も多いのではないでしょうか。「スモールビジネスを、世界の主役に。」をミッションに掲げる企業で、主力サービスである中小企業の経理業務をサポートする「会計フリー」の利用事業所数は100万件以上。

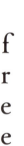

「人事労務フリー」「申告フリー」「マイナンバー管理フリー」「会社設立フリー」「開業フリー」といったサービスもあり、**中小企業の間接部門に必要な業務のほとんどを網羅しているのではないかというくらいに充実したラインナップとなっています。**

設立は2012年。株式の23％程度を保有するCEOの佐々木大輔氏は、広告代理店、投資ファンドを経て、グーグルにおいて、中小企業向けのマーケティング職に従事。「日

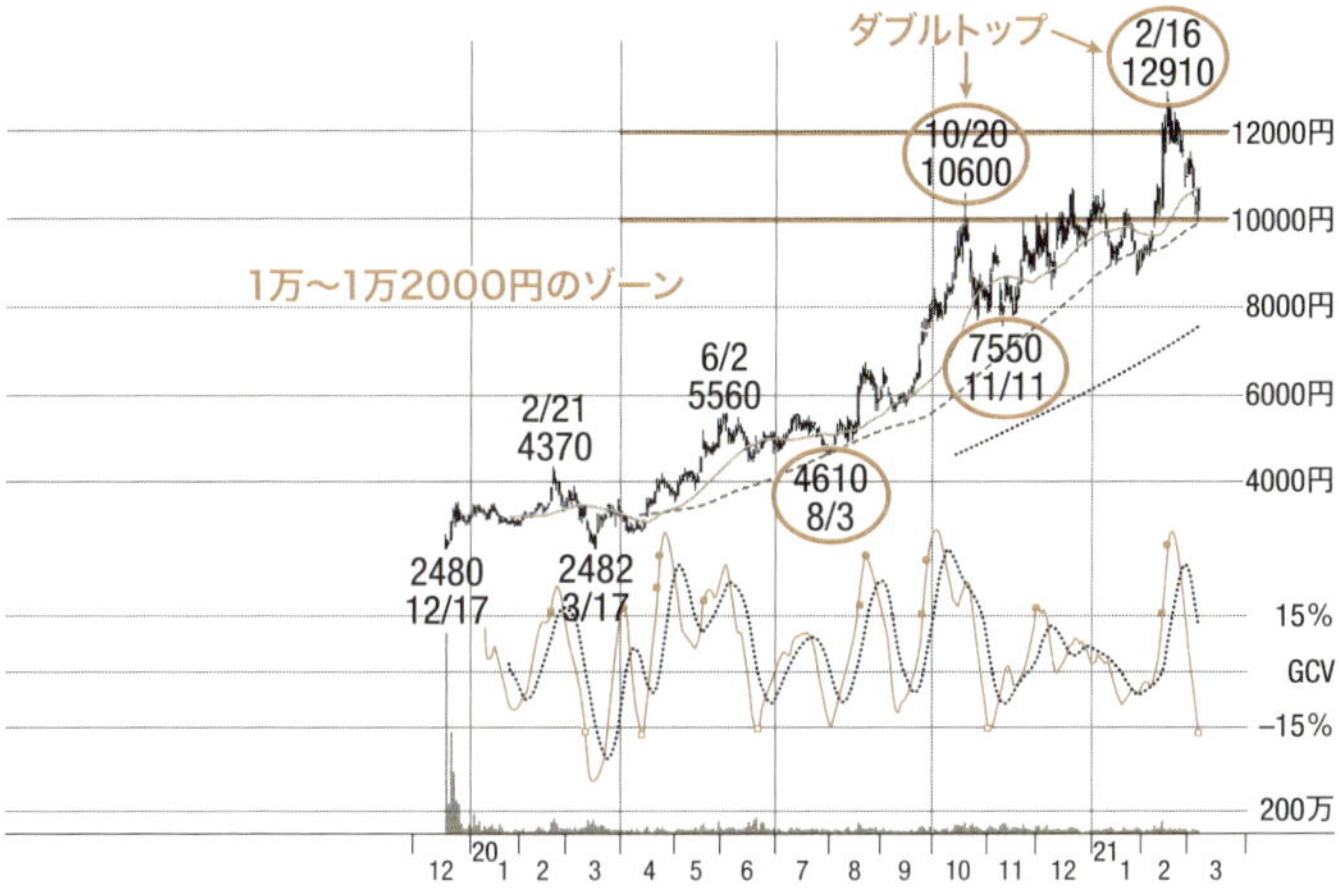

本のイノベーター30人」（日経ビジネス、2013年）、「日本の起業家BEST10」（Forbes JAPAN、2016年）などにも選ばれているとのことです。

2019年12月、東証マザーズに上場。初値は公開価格である2000円を上回る2500円をつけた後は大きく下落することなく、2020年2月21日には、4370円まで上昇。3月17日に一度2482円まで下がりますが、その後は6月2日に5560円、8月3日に4610円、11月11日7550円と上下を繰り返しながらも上昇を続け、12月21日には1万720円を記録。2021年の2月16日には1万2910円をつけて新高値更新。注目銘柄の1つです。

グロース
デジタル

ドーン

ジャスダック
2303
株価
3,220円
※株価は2021年3月現在

地図情報、位置情報の伸びしろを感じさせる

地理情報システム（GIS）を中核にした事業を展開するドーン。業界人でもない限りは、GISに使われている技術の詳細を理解するのは簡単ではありませんが、たとえば、警察における交通規制、犯罪分析業務、あるいはスピーディな地図検索が求められる消防業務等においては欠かせない技術となっています。

また、官公庁が手がける農業、森林、環境分野、あるいは、民間企業が担っている通信、電力、物流といったインフラ分野でも力を発揮しているようです。

さらに、官公庁、地方自治体向けのクラウドサービスにも力を入れているようで、障害のあるユーザー向けの緊急通報システム、災害情報共有サービス、感染症危機管理システムなど、多岐にわたるサービスを展開しています。

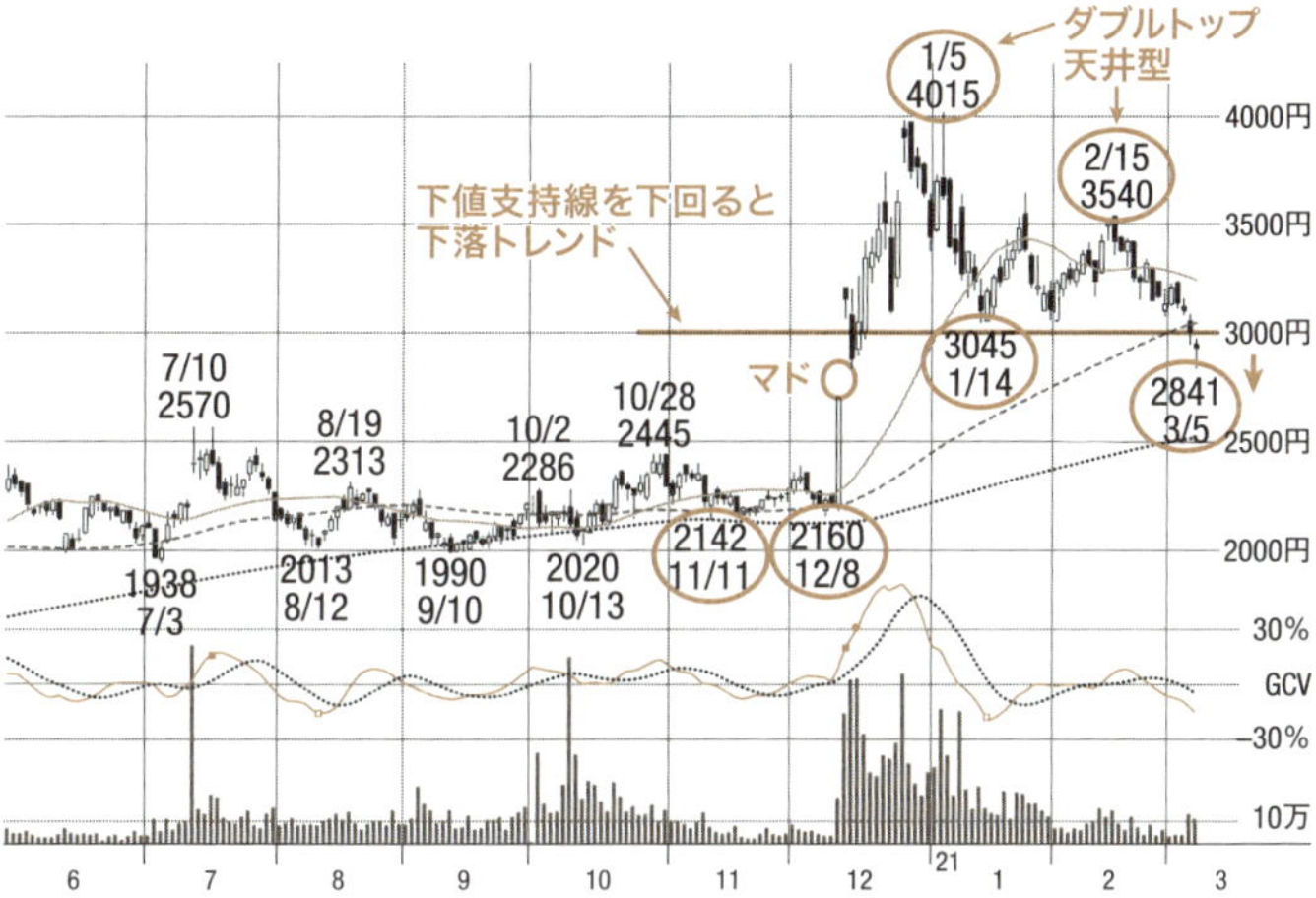

ホームページの社長メッセージに「これまで不可能とされてきた、サイバー空間におけるユーザ位置情報の取得技術の開発等、我々の進出領域は急速に拡大」とあるように、**地図情報、位置情報というのは、これからますます発展していく分野であり、成長の伸びしろも十分にありそうです。**

株価は、２０１９年11月27日に１４５１円をつけた後、２０２０年１月28日には２７５０円まで上昇。上下はあるものの、３月13日に１３９５円、７月３日１９３８円、12月８日は２１６０円と推移した後に急騰し、２０２１年１月５日には４０１５円を記録しました。その後、２月15日に３５４０円という戻り高値をつけてダブルトップで株価急落。下値支持線の３０００円を下回って下落トレンドへ。

グロース
内需・消費

SREホールディングス

東証一部
2980

株価
4,355円
※株価は2021年3月現在

ソニーやZホールディングスとの関係にも注目

「『リアル×テクノロジー』で今の先鋭を追求し、『10年後の当たり前』を造っていく」という使命のもと、不動産事業に加え、AIとコンサルティング事業も手がける企業。不動産事業で得た知見にIT技術をプラスすることで、AI不動産査定ツール、AIマーケティングオートメーションツール、AIダイレクトメール、デジタルマーケティング支援、不動産売買契約書類作成クラウドといった多様なソリューションを創出しているようです。また、不動産業界だけでなく、金融、電力、サービス業といった分野への横展開も積極的に行ない、その技術力をいかんなく発揮しています。

私が注目したのは、社長メッセージの中に「ソニーやZホールディングスとの交流を活かしながら」という言葉が出ているように、ソニーが42%程度、Zホールディングスが

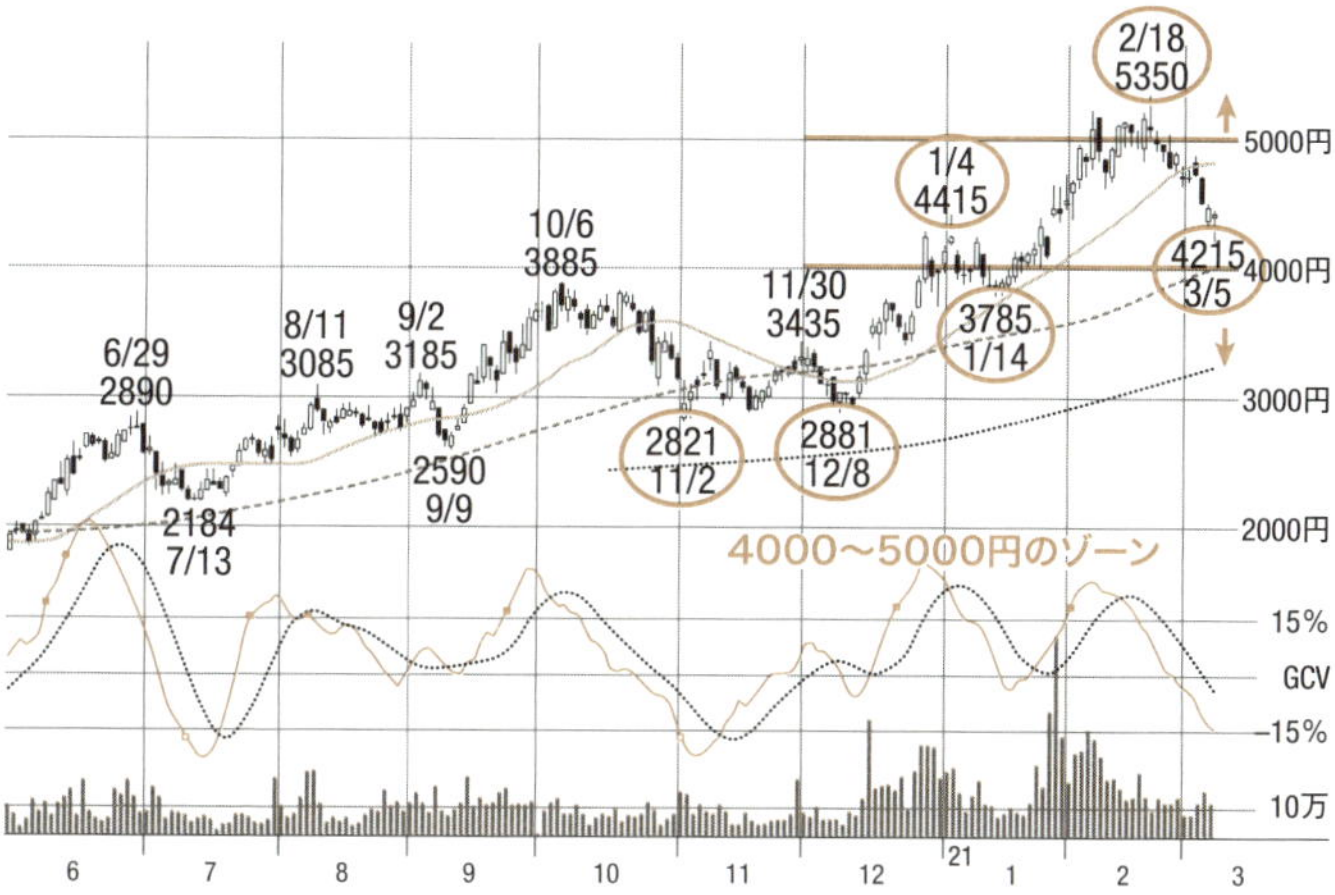

24％程度、株式を保有している点です。

それもそのはずで、ＳＲＥホールディングスの前身は、２０１４年に設立された「ソニー不動産」であり、２０１５年にヤフー（現・Ｚホールディングス）との共同事業「おうちダイレクト」をスタートし、２０１９年に現在の社名に変更したようです。

株価は２０１９年12月20日に２７６９円をつけた後に下落。２０２０年３月19日に１３５９円をつけてからは上昇し、10月６日には３８８５円を記録。11月２日に２８２１円と下落するも、２０２１年１月４日には４４１５円をつけ、以降も株価は上昇し、２月18日に５３５０円の新高値をつけて反落。

投資はサバイバルスキルであり教養である

求められるのは複合的な能力

ここ1年くらいの間に「どんな株を買えばいいのでしょうか」と聞かれたら、私は「テスラのような企業の株を買うといいでしょう」と答えています。そこで考えるべきは、「なぜ、テスラは伸びているのか」ということです。「テスラのような株」を買うためには、テスラが伸びている理由を探し、その条件にあてはまる企業を探す必要があるからです。製品やサービスの新規性はもちろん、ビジネスモデルにも注目します。これまでの自動車メーカー、他の自動車メーカーとはどこが違うのか、よく調べます。

そのうえで、「では、日本で今までにないようなサービスを提供している企業はないか」と探してみるのです。もっといえば、「テスラのような企業の牙城を崩すのはどのようなサービスだろうか」ということも考えます。次に来るビジネスまで読めたら素晴らしいですが、簡単ではありません。こうした思考力というのは、一朝一夕に出来上がるものではなく、どんなに頭のいい人であれ、常に情報を求め、学び続けなければなりません。

これからは、イーロン・マスクのような人物が発想するアイデアや知恵から、ビジネスがどんどん生まれていきます。重厚長大な大企業ではなく、たった1人の人間のアイデアが世界を丸ごと変えていくという点も、覚えておくとよいでしょう。

そのため、投資する際は、「誰が経営者か」という点も重要になってきます。私がよくチェックするのは、「創業者が社長を務めているか否か」です。今のような動乱期は、弱肉強食の時代であり、どんなに歴史がある企業であっても、どんなに規模が大きいビジネスを展開していても、倒れるときは一瞬です。そうした時代においては、雇われ社長よりも、勢いと野心のある創業社長のほうが強いに決まっています。その経営者がどんな人物なのかも、洞察できる力を身につけたいものです。

このように、**投資に必要な能力とは、時代の潮を読む大局観から、企業を評価する分析力、さらには経営者を見る洞察力と、実に幅広いものです。**努力なしに身につけられないそれらの能力は、まさしく変化の激しい時代を生き抜くための教養であると言っても過言ではないと私は考えています。

共に学び続け、豊かな人生を送りましょう。

菅下　清廣（すがした・きよひろ）
スガシタパートナーズ株式会社代表取締役社長。国際金融コンサルタント、投資家、学校法人立命館顧問、近畿大学世界経済研究所客員教授。
メリルリンチ、キダー・ピーボディ、ラザード・ジャパン・アセット・マネージメントなど外資系金融機関で活躍。ウォール街での経験を生かした独自の着眼点、オリジナルの「波動理論」でイベント・相場を先読みし、日本と世界経済の未来を次々と的中させてきた。「富のスペシャリスト」として名を馳せ、「経済の千里眼」の異名も持つ。著作多数。

http://sugashita-partners.com/

アフターコロナ相場《そうば》で資産《しさん》を増《ふ》やしなさい
投資家《とうしか》が注目《ちゅうもく》する88銘柄《めいがら》はこれだ

2021年 4 月30日　初版発行

著者／菅下《すがした》　清廣《きよひろ》

発行者／青柳　昌行

発行／株式会社KADOKAWA
〒102-8177　東京都千代田区富士見2-13-3
電話　0570-002-301（ナビダイヤル）

印刷所／大日本印刷株式会社

ISBN 978-4-04-605206-3　C0033